DEVANT LA DOULEUR
DES AUTRES

SUSAN SONTAG

DEVANT LA DOULEUR
DES AUTRES

Traduit de l'anglais
par Fabienne DURAND-BOGAERT

CHRISTIAN BOURGOIS ÉDITEUR

Titre original :
Regarding the Pain of Others

En couverture : Goya y Lucientes, Francisco Jose de,
Désastres de la guerre, 1810 (The Bridgeman Art Library)

Pour David

« ... aux vaincus ! »
BAUDELAIRE

« *The dirty nurse, Experience...* »
TENNYSON

1

En juin 1938, Virginia Woolf publia *Trois Guinées*, ses réflexions courageuses, mal accueillies, sur les racines de la guerre. Écrit au cours des deux années précédentes, alors qu'elle-même et la plupart de ses proches et collègues écrivains étaient électrisés par la montée de l'insurrection fasciste en Espagne, le livre se donnait comme la réponse longtemps différée à une lettre d'un éminent avocat londonien qui lui avait demandé : « Comment pouvons-nous faire, selon vous, pour empêcher la guerre ? » Woolf commence par faire observer de manière acerbe qu'il n'est sans doute pas, entre eux, de vrai dialogue possible. Car s'ils ont en commun d'appartenir à la même classe, celle des « gens instruits », un gouffre les sépare : l'avocat est un homme et elle est une femme. Les hommes font la guerre. Les hommes (pour la plupart) aiment la guerre, car ils trouvent, dans le combat, une « certaine sensation de gloire, une certaine nécessité, une certaine satisfaction » que les femmes (pour la plupart) n'éprouvent pas et dont elles ne jouissent nullement. Qu'est-ce qu'une

femme cultivée – entendez : privilégiée, financière-
ment à l'aise – comme Woolf connaît à la guerre ?
Le mouvement de recul face aux attraits de la guerre
peut-il être le même chez lui et chez elle ?

Éprouvons cette « difficulté de communication »,
propose Woolf, en regardant ensemble des images de
la guerre. Ces images sont quelques-unes des photographies que le gouvernement espagnol assailli expé-
die deux fois par semaine ; et une note en bas de
page précise : « Écrit durant l'hiver 1936-1937. »
Voyons un peu, écrit Woolf, « si, à regarder les
mêmes photographies, nous ressentons les mêmes
choses ». Et de poursuivre :

> « La série de ce matin contient la photographie
> d'un cadavre qui pourrait être celui d'un homme ou
> d'une femme ; il est si mutilé qu'il pourrait tout
> aussi bien être celui d'un cochon. Mais ceux-là sont
> certainement des enfants morts et ceci représente,
> sans aucun doute, une maison sectionnée. Une
> bombe l'a éventrée ; une cage pend encore dans ce
> qui a dû être le salon [...]. »

Faire observer qu'il n'est pas toujours possible
d'identifier le sujet des photographies, tant est complète la ruine imposée à la chair et à la pierre, constitue la manière la plus rapide, la plus sèche, de com-
muniquer l'ébranlement interne qu'elles suscitent.
Et de là, Woolf passe très vite à sa conclusion. Nos
réactions sont bien les mêmes, « indépendamment
de notre éducation, des traditions différentes dont
nous sommes issus », déclare-t-elle à l'avocat. À

preuve, le fait que « nous » – en l'occurrence, ici, les femmes – et vous pourriez nommer les choses de la même manière :

« Vous, Monsieur, vous les nommez "horreur et dégoût". Nous les nommons, nous aussi, horreur et dégoût [...]. La guerre, dites-vous, est une abomination ; une barbarie ; il faut à tout prix arrêter la guerre. Et nous faisons écho à vos mots. La guerre est une abomination ; une barbarie ; il faut arrêter la guerre. »

Qui croit encore aujourd'hui que la guerre puisse être abolie ? Personne, pas même les pacifistes. Notre unique espoir (jusqu'à présent en pure perte) est d'arrêter le génocide, d'assigner en justice ceux qui violent de façon flagrante les lois de la guerre (car la guerre a ses lois, auxquelles les combattants devraient être tenus), et de parvenir à mettre un terme à certaines guerres spécifiques en imposant, par la négociation, des solutions de rechange au conflit armé. Difficile, sans doute, d'accorder une entière crédibilité à la résolution désespérée issue du contrecoup de la Première Guerre mondiale, lors même que l'Europe prenait conscience de la ruine qu'elle s'était attirée. Mais condamner la guerre n'apparaissait pourtant pas chose si futile ou incongrue dans le sillage des fantasmes de papier du pacte Briand-Kellogg de 1928, par lequel quinze nations, dont les États-Unis, la France, la Grande-Bretagne, l'Italie et le Japon, prirent l'engagement solennel de renoncer à utiliser la guerre comme instrument de politique nationale ; Freud et Einstein eux-mêmes furent absorbés dans le débat à travers l'échange public, en 1932, d'une correspondance intitulée « Pourquoi la guerre ? » Paraissant au terme d'environ vingt ans de dénonciations retentissantes de la guerre, *Trois Guinées* offrait l'originalité (qui lui valut la pire réception que l'auteur eût à connaître) de mettre l'accent sur une idée considérée comme trop évidente ou trop inopportune pour être mentionnée, moins encore méditée : que la guerre est un jeu d'homme – que la machine à tuer est sexuellement déterminée, et du genre masculin. Cependant, l'audace qui caractérise la version woolfienne du « Pourquoi la guerre ? » ne rend pas la révulsion de l'essayiste moins conventionnelle dans sa rhétorique, ni dans ses récapitulations, qui foisonnent de formules réitérées. Au reste, les photographies des victimes de la guerre constituent en elles-mêmes une catégorie de la rhétorique. Elles réitèrent. Elles simplifient. Elles agitent. Elles créent l'illusion d'un consensus.

Invoquant cette hypothétique expérience commune (« Nous voyons, en même temps que vous, les mêmes cadavres, les mêmes maisons en ruine »), Woolf déclare croire que le choc de telles images ne peut que rapprocher les gens de bonne volonté. Est-ce bien sûr ? Certes, Woolf et le destinataire anonyme de cette lettre-fleuve ne sont pas n'importe quels quidams. Même s'ils sont séparés, comme Woolf le lui rappelle, par des sentiments et des pratiques caractéristiques, depuis toujours, de leur sexe respectif, l'avocat ne peut guère passer pour le stéréotype du mâle belliqueux. Non plus que les siennes propres, les convictions antiguerre de l'avocat ne font l'objet du doute. Car enfin, sa question n'était pas « Que proposez-*vous* pour empêcher la guerre ? » mais « Comment pouvons-*nous* faire, à votre avis, pour empêcher la guerre ? »

C'est ce « nous » que Woolf conteste à l'orée de son livre : elle refuse à son interlocuteur la possibilité de considérer qu'un « nous » va de soi. Elle finira pourtant par se résoudre au « nous » après plusieurs pages consacrées au point de vue féministe.

Aucun « nous » ne devrait valoir, dès lors que le sujet traité est le regard qu'on porte sur la douleur des autres.

Qui est donc ce « nous » auquel sont destinées ces images-chocs ? Un « nous » qui ne serait pas restreint aux sympathisants d'une petite nation ou d'un peuple sans État luttant pour sa vie, mais qui englo-berait la communauté beaucoup plus vaste de ceux dont l'inquiétude, s'agissant d'une guerre déplaisante se déroulant ailleurs, demeure purement théorique. Les photographies constituent un moyen de rendre « réelles » (ou « plus réelles ») des choses que les pri-vilégiés, ceux qui n'ont pas à craindre pour leur sécurité, pourraient préférer ignorer.

« Les photographies se trouvent là, devant nous, sur la table », écrit Woolf pour décrire l'expérience mentale qu'elle propose tant au lecteur qu'à l'avocat spectral, homme assez éminent, précise-t-elle, pour que son nom soit suivi des lettres K.C. (c'est-à-dire *King's Counsel*, avocat de la Couronne) – et dont l'existence peut être aussi bien réelle que fictive.

Imaginez donc, étalées en vrac, des photographies extraites d'une enveloppe arrivée au courrier du matin. Elles montrent les corps dépecés d'adultes et d'enfants. Elles montrent la manière dont la guerre élimine, détruit, brise, arase le monde construit. « Une bombe l'a éventrée », déclare Woolf, à propos de la maison qu'on peut voir sur l'une des images. Certes, un paysage urbain n'est pas fait de chair. Pourtant, les immeubles tronqués sont presque aussi éloquents que les corps dans la rue (Kaboul, Sarajevo, le Mostar oriental, Groznyï, huit hectares en plein cœur de Manhattan après le 11 septembre 2001, le camp de réfugiés de Djénine...) Regardez, disent les photographies, c'est *cela* la guerre. Voilà ce que *fait* la guerre. Et *cela* aussi. La guerre déchire, met en pièces. La guerre éventre, éviscère. La guerre calcine. La guerre démembre. La guerre provoque la *ruine*.

Ne pas souffrir de ces images, ne pas reculer devant elles, ne pas chercher à abolir ce qui provoque ce désastre, ce carnage – telles seraient, selon Woolf, les réactions d'un monstre moral. Et, dit-elle, nous ne sommes pas des monstres, nous qui appartenons à la classe cultivée. Notre échec est celui de l'imagination, de l'empathie : nous n'avons pas réussi à garder cette réalité présente à l'esprit.

Mais est-il vrai que ces photographies, qui disent le massacre des civils plutôt que l'affrontement des armées, ne pouvaient qu'inciter au rejet de la guerre ? Assurément, elles pouvaient aussi encourager un militantisme plus fervent en faveur de la République. N'est-ce pas cela qu'elles étaient censées faire ?

L'accord entre Woolf et l'avocat apparaît comme une pure présomption, les images macabres venant confirmer une opinion déjà commune. Si la question avait été « Comment contribuer au mieux à la défense de la République espagnole contre les forces du fascisme militariste et clérical ? », les photographies auraient sans doute, à l'inverse, renforcé la foi des protagonistes dans le bien-fondé de la lutte.

Les images convoquées par Woolf ne montrent pas, évidemment, ce que fait la guerre dans tous les cas. Elles illustrent un mode particulier de belligérance, un mode que l'on décrivait volontiers, à l'époque, comme « barbare », dans lequel les civils constituent la cible. Le général Franco utilisait, en matière de bombardement, de massacre, de torture, de meurtre et de mutilation des prisonniers, les tactiques qu'il avait mises au point lorsqu'il assurait le commandement des troupes au Maroc, dans les années 1920. En ce temps-là – chose plus décente, aux yeux des puissances dirigeantes – ses victimes étaient les sujets de l'Espagne coloniale, moricauds doublés d'infidèles ; mais à présent, ses victimes étaient des compatriotes. Ne voir dans les images, comme le fait Woolf, que ce qui confirme une horreur générale de la guerre, c'est ne pas s'impliquer dans l'idée que l'Espagne est un pays doté d'une histoire. C'est révoquer le politique.

Pour Woolf, comme pour nombre d'adversaires farouches de la guerre, la guerre est générique, et les images qu'elle décrit sont de victimes anonymes, génériques. Les photographies envoyées par le gouvernement de Madrid semblent – chose improbable –

n'être pas légendées (ou peut-être Woolf considère-t-elle simplement qu'une photographie parle d'elle-même). Mais l'argument contre la guerre ne prend pas appui sur le détail du qui, du quand, du où ; l'arbitraire du massacre implacable constitue une preuve suffisante. Pour ceux qui sont sûrs que la bonne cause est dans un camp, l'oppression et l'injustice dans l'autre, et que le combat doit se poursuivre, l'important est précisément de savoir qui est tué par qui. Pour un Juif d'Israël, la photographie d'un enfant déchiqueté dans l'attentat contre la pizzeria Sbarro, en plein cœur de Jérusalem, est d'abord la photographie d'un enfant juif tué par un kamikaze palestinien. Pour un Palestinien, la photographie d'un enfant démembré par un tir de char à Gaza est d'abord la photographie d'un enfant palestinien tué par l'artillerie israélienne. Aux yeux du militant, l'identité fait toute la différence. Et toutes les photographies attendent d'être justifiées ou falsifiées par leur légende. Durant les affrontements entre Serbes et Croates au début de la récente guerre des Balkans, on a vu circuler, lors de réunions de propagande serbes *et* croates, les mêmes photographies d'enfants tués dans le bombardement d'un village. Modifiez la légende, et ces morts d'enfants peuvent être utilisées et réutilisées *ad libitum*.

Les images de civils tués et de maisons détruites peuvent servir à intensifier la haine de l'ennemi, comme l'ont fait les rediffusions, toutes les heures, par Al Jazeera, la chaîne satellitaire arabe basée à Qatar, des destructions du camp de réfugiés de Djénine en avril 2002. Aussi incendiaires qu'aient pu paraître ces séquences aux yeux des nombreux spectateurs d'Al Jazeera de par le monde, elles ne leur disaient rien de l'armée israélienne qu'ils n'aient déjà été prêts à croire. À l'inverse, les images qui contredisent manifestement les chères croyances seront dénoncées comme ayant été fabriquées pour la caméra. Chaque fois que la photographie corrobore les atrocités qui ont été commises dans son propre camp, la réponse classique est que les images ont été fabriquées, qu'aucune atrocité de cette sorte n'a jamais eu lieu : c'est l'autre camp qui a amené ces cadavres par camion depuis la morgue municipale et les a déposés dans la rue, ou alors, oui, la tuerie a bien eu lieu, mais c'est l'autre camp qui se l'est infligée à lui-même. Le chef de la propagande, lors de la rébellion nationaliste de Franco, a ainsi pu affirmer que c'étaient les Basques qui, le 26 avril 1937, avaient détruit le centre antique de leur propre ville et ancienne capitale, Guernica, en plaçant de la dynamite dans les égouts (ou, selon une version plus tardive, en lançant des bombes fabriquées sur leur territoire) afin de provoquer l'indignation à l'étranger et de renforcer la résistance républicaine. De même, la plupart des Serbes vivant en Serbie ou à l'étranger ont soutenu, jusqu'à la fin du siège de Sarajevo et même au-delà, que c'étaient les Bosniaques eux-mêmes qui avaient perpétré les épouvantables massacres dits « de la boulangerie » en mai 1992 et « du marché » en février 1994, projetant des obus de gros calibre sur le centre de leur capitale ou posant des mines dans le but d'offrir aux caméras étrangères des images exceptionnellement horribles et de rallier un plus grand soutien international au camp bosniaque.

Les photographies de corps mutilés peuvent certes servir l'usage que Woolf en fait – raviver la condamnation de la guerre et permettre à ceux qui n'en ont aucune expérience d'appréhender, pour un temps, une partie de sa réalité. Mais quiconque accepte que, dans le monde tel qu'il est actuellement divisé, une guerre puisse devenir inévitable, voire juste, serait susceptible de rétorquer que les photographies n'apportent pas la moindre preuve qu'il faille renoncer aux armes – sauf aux yeux de ceux pour qui les notions de bravoure et de sacrifice se sont totalement vidées de leur sens et de leur crédibilité. Le caractère destructeur de la guerre – si l'on excepte l'anéantissement total, qui n'est pas de l'ordre de la guerre mais du suicide – ne constitue pas en soi un argument à l'encontre des actes de belligérance, sauf à penser (mais peu le font) que la violence est toujours injustifiable, que le recours à la force est toujours et en toutes circonstances mauvais : mauvais parce que, comme l'affirme Simone Weil dans son sublime essai sur la guerre, « L'Iliade ou le Poème de la force » (1940), la violence transforme en objet quiconque y est soumis[1]. Non, rétorquent ceux qui, dans une situation donnée, n'envisagent d'autre

1. Quoiqu'elle condamnât la guerre, Weil chercha à participer à la défense de la République espagnole ainsi qu'à la lutte contre l'Allemagne de Hitler. En 1936, elle se rendit en Espagne et s'engagea comme volontaire civile dans une brigade internationale ; en 1942 et au début de l'année 1943, réfugiée à Londres et déjà malade, elle travailla dans les bureaux de la France libre, espérant être envoyée en mission dans la France occupée. (Elle mourut dans un sanatorium anglais en août 1943.)

recours que le conflit armé : la violence peut grandir son objet jusqu'à en faire un martyr ou un héros.

En réalité, multiples sont les usages que l'on fait des innombrables occasions qu'offre la vie moderne de considérer – de loin, à travers le support photographique – la douleur des autres. Les images de l'atroce induisent des réactions opposées. Un appel en faveur de la paix. Un cri de revanche. Ou, tout simplement, la conscience perplexe, sans cesse réalimentée par l'information photographique, que l'épouvantable peut survenir. Nul n'oubliera les trois photographies en couleurs de Tyler Hicks que le *New York Times* fit paraître, le 13 novembre 2001, en tête de la première page de la section qu'il consacrait désormais quotidiennement à la nouvelle guerre menée par l'Amérique, sous l'intitulé « Une nation mise au défi ». La série décrivait le sort auquel était soumis un soldat taliban en uniforme que des militaires de l'Alliance du Nord avaient trouvé dans un fossé, alors qu'ils progressaient vers Kaboul. Première image : traîné sur le dos, le long d'une route rocailleuse, par deux des hommes – l'un a saisi un bras, l'autre une jambe – qui l'ont fait prisonnier. Deuxième image (l'appareil s'est rapproché) : encerclé, levant vers le ciel un regard de terreur alors qu'on le force à se mettre debout. Troisième image : à l'heure de la mort, couché sur le dos, les bras en croix et les genoux pliés, nu et ensanglanté depuis la taille, au milieu des militaires qui se sont rassemblés pour l'achever. Il faut une bonne dose de stoïcisme pour parcourir un journal de référence chaque matin quand on sait le risque qu'on encourt de tomber sur des images susceptibles de vous faire pleurer. Et le dégoût et la pitié qu'inspirent des photographies comme celles de Hicks ne devraient pas nous empêcher de demander quelles images, quels actes de cruauté, quelles morts ne nous sont *pas* montrés.

Il y a longtemps eu des gens pour croire que si l'horreur pouvait être montrée de manière saisissante, l'on finirait par comprendre le scandale, la folie qu'est la guerre.

Quatorze ans avant la publication du *Trois Guinées* de Woolf – en 1924, à l'occasion du dixième anniversaire de la mobilisation générale de l'Allemagne pour la Première Guerre mondiale –, l'objecteur de conscience Ernst Friedrich fit paraître *Krieg dem Kriege !* (*Guerre à la guerre !*) Il s'agit de la photographie comme thérapie de choc : un album rassemblant plus de cent quatre-vingts photographies, pour la plupart extraites des archives militaires et médicales allemandes, dont beaucoup avaient été jugées impubliables par les censeurs du gouvernement, du temps de la guerre elle-même. L'album s'ouvre sur des images de petits soldats, de canons miniatures et autres jouets faisant les délices des garçons partout dans le monde, pour s'achever sur des photographies prises dans les cimetières militaires. Entre les jouets et les tombes, le lecteur accomplit un atroce parcours photographique au gré de quatre années de ruine, de massacre et d'avilissement : ce ne sont qu'églises et châteaux détruits et pillés, villages anéantis, forêts ravagées, paquebots torpillés, véhicules fracassés, objecteurs de conscience pendus, prostituées à demi nues dans des bordels militaires, soldats gazés souffrant le martyre, enfants d'Arménie au corps squelettique. La quasi-totalité des séquences montrées dans *Guerre à la guerre !* sont difficiles à regarder, notamment les images des cadavres de soldats, toutes armées confondues, pourrissant en tas dans les champs, le long des routes et en bordure des tranchées. Mais les pages les plus insupportables de ce livre, tout entier conçu pour horrifier et accabler, se trouvent assurément dans la section intitulée « Le visage de la guerre », qui montre vingt-quatre portraits en gros plan de soldats horriblement défigurés. Friedrich, quant à lui, n'a pas commis l'erreur de présumer que des images aussi déchirantes et repoussantes parleraient d'elles-mêmes. Chaque photographie s'accompagne d'une légende exaltée rédigée en quatre langues (l'allemand, le français, le hollandais et l'anglais), et la perversité de l'idéologie militariste est, à chaque page, fustigée et raillée. Instantanément dénoncée par le gouvernement allemand, les associations d'anciens combattants et plusieurs autres organisations patriotiques – dans certaines villes, la police organisa des descentes dans les librairies et des procès furent intentés pour interdire toute présentation publique des photographies –, la guerre que Friedrich déclarait à la guerre fut acclamée par les écrivains, les artistes et les intellectuels de gauche ainsi que par les représentants des nombreuses ligues antiguerre, qui prédisaient une influence décisive du livre sur l'opinion publique. En 1930, *Guerre à la guerre !* avait déjà fait l'objet d'une dizaine de rééditions en Allemagne et de multiples traductions en langues étrangères.

En 1938, l'année de la publication de *Trois Guinées*, le grand cinéaste français Abel Gance montra en gros plan, dans l'une des scènes paroxystiques de son nouveau *J'accuse*, quelques membres d'une population le plus souvent tenue cachée : ces anciens combattants hideusement défigurés que l'on a surnommés les « gueules cassées ». (Une première version de cet incomparable film antiguerre, sous le même sacro-saint titre, avait déjà été tournée par Gance, en 1918-1919.) Tout comme l'album de Friedrich, le film de Gance s'achève dans un nouveau cimetière militaire : non point seulement pour nous rappeler les millions de jeunes gens qui furent sacrifiés au militarisme et à l'incompétence entre 1914 et 1918 dans cette guerre saluée comme « la der des ders », mais aussi pour faire valoir le jugement sacré que ces morts ne manqueraient pas de porter à l'encontre des politiciens et des généraux de l'Europe s'ils pouvaient savoir que, vingt ans plus tard, une autre guerre aurait lieu. « Morts de Verdun, levez-vous ! » crie le protagoniste, un ancien combattant devenu fou, avant de répéter son injonction en allemand et en anglais : « Vos sacrifices sont vains ! » Et la vaste plaine mortuaire commence à cracher sa multitude, une armée de fantômes aux visages mutilés et aux uniformes putréfiés, qui surgit des tombes et se disperse en tous sens, semant la panique parmi la population déjà mobilisée pour une nouvelle guerre paneuropéenne. « Une chose peut vous arrêter : c'est l'épouvante. Remplissez-

vous de cette horreur ! » hurle le dément à la foule
fuyante des vivants, qui lui répond en lui offrant une
mort de martyr à la suite de laquelle il rejoint ses
camarades défunts : une marée de fantômes impassibles submergeant la foule transie des futurs combattants et victimes de *la guerre de demain*[1]. La guerre
cède le pas à l'apocalypse.

Cette guerre qui vint l'année suivante.

1. En français dans le texte.

2

Être le spectateur des calamités qui se déroulent dans un autre pays constitue une expérience typiquement moderne, étant donné l'offre accumulée, depuis plus d'un siècle et demi, que nous font ces touristes professionnels, spécialisés, appelés journalistes. Les guerres, à présent, sont aussi le spectacle son et lumière de nos salons. L'information relative à ce qui se passe ailleurs, l'« actualité » comme on dit, met en scène le conflit et la violence – « Le sang à la une », tel est le vieux slogan des tabloïds et des journaux télévisés en continu –, ce qui génère une réaction de compassion, d'indignation, de curiosité ou d'approbation, au moment où chaque détresse devient visible.

Comment répondre au flot régulièrement croissant de l'information qui nous est livrée sur les misères de la guerre est une question que l'on se posait déjà à la fin du XIXe siècle. Voici ce qu'écrivait, en 1899, Gustave Moynier, le premier président du Comité international de la Croix-Rouge .

Nous savons à présent ce qui se passe chaque jour partout dans le monde [...]. Les descriptions que nous font les journalistes des quotidiens placent, pour ainsi dire, ceux qui souffrent sur les champs de bataille sous les yeux des lecteurs et leurs cris résonnent dans leurs oreilles.

Moynier songeait à l'augmentation vertigineuse du nombre des blessés parmi les combattants de tout bord, dont la Croix-Rouge avait vocation à soulager les souffrances de manière impartiale. Le pouvoir meurtrier des armées belligérantes s'était vu nouvellement accru par l'introduction, peu après la guerre de Crimée (1854-1856), d'armes telles que le fusil à chargement par la culasse et la mitrailleuse. Mais bien que les supplices endurés sur le champ de bataille eussent acquis une présence qu'ils n'avaient jamais eue à l'époque où ils n'étaient sensibles qu'à travers la lecture des journaux, prétendre savoir, en 1899, ce qui se passait « chaque jour partout dans le monde » relevait bien sûr de l'exagération. Et s'il est vrai qu'aujourd'hui les souffrances infligées dans les guerres lointaines assaillent nos yeux et nos oreilles instantanément, cela relève toujours de l'exagération. Ce qu'on appelle, dans le jargon de l'information, « le monde » – « Vingt-deux minutes de votre temps, le monde en échange » entonne une radio américaine plusieurs fois par heure – est (contrairement au monde lui-même) un endroit tout petit, géographiquement et thématiquement parlant, et tout ce qu'on estime digne d'être connu à son sujet doit être transmis de façon percutante et emphatique.

La conscience de la douleur accumulée dans un nombre limité de guerres se déroulant ailleurs est une construction. Cette conscience, sous la forme notamment qu'enregistre la pellicule, éclate, se distribue auprès d'un large public, puis se volatilise. Contrairement au témoignage écrit – qui, selon la complexité de la pensée, des références et du vocabulaire, touche un lectorat vaste ou restreint –, une photographie ne dispose que d'un seul langage et s'adresse potentiellement à tout le monde.

Dans les premières guerres d'importance dont il existe des témoignages photographiques – la guerre de Crimée, la guerre de Sécession –, et dans toutes les autres guerres jusqu'à la Première Guerre mondiale, le combat lui-même demeure hors de portée de l'appareil photographique. Quant aux photographies de guerre publiées entre 1914 et 1918, pour la plupart anonymes, elles adoptent généralement – dans la mesure où elles communiquent effectivement quelque chose de l'épouvante et de la désolation – le mode épique, et décrivent le plus souvent l'après-coup : les paysages jonchés de cadavres ou bien lunaires de la guerre de tranchées ; les villages français que la guerre a ravagés. Pour s'opérer, la saisie photographique de la guerre telle qu'on la pratique aujourd'hui dut attendre quelques années encore la modernisation de son équipement professionnel : l'apparition des boîtiers légers, comme celui du Leica, utilisant un film 35 mm qui pouvait être exposé trente-six fois avant qu'il ne faille recharger l'appareil. Il devint alors possible, pourvu que la censure militaire le permît, de photographier au cœur de la bataille et de montrer de près victimes civiles et soldats épuisés noirs de poussière. La guerre civile espagnole (1936-1939) fut la première à être documentée (« couverte »), au sens moderne du mot, par un corps de photographes professionnels postés sur les lignes de front et dans les villes bombardées, dont les images furent immédiatement publiées dans la presse espagnole et les journaux étrangers. La guerre que l'Amérique engagea contre le Vietnam – premier des conflits à être placé, jour après jour, sous l'œil des caméras de télévision – introduisit l'arrière à une nouvelle télé-intimité avec la mort et la destruction. Depuis, batailles et massacres filmés en direct constituent un ingrédient banal du divertissement offert en continu, dans nos salons, par le petit écran. Susciter l'intérêt pour un conflit particulier dans la conscience de spectateurs exposés à des drames venant de partout requiert la diffusion et la rediffusion quotidienne de séquences relatives à ce conflit. L'idée que se font de la guerre ceux qui n'en ont pas d'expérience directe est principalement, aujourd'hui, un produit de l'impact créé par ces images.

D'être photographié confère à l'événement – pour ceux qui sont ailleurs, qui le reçoivent comme « actualité » – une réalité. Mais une catastrophe vécue prendra souvent, étrangement, l'apparence de sa représentation. L'attentat contre le World Trade Center, le 11 septembre 2001, a été décrit comme « irréel », « surréel », « semblable à un film » – tels sont les premiers commentaires que l'on put entendre de ceux qui avaient fui les tours ou avaient assisté à leur effondrement. (Après quarante ans de films catastrophe produits à gros frais par Hollywood, la phrase « C'était comme dans un film » apparaît comme un déplacement de l'expression par laquelle les rescapés d'un drame décrivaient jadis leur incapacité provisoire à assimiler ce qu'ils avaient vécu : « C'était comme dans un rêve. »)

L'imagerie incessante (télévision, vidéo, cinéma) constitue notre environnement, mais dès lors que la question du souvenir se pose, la photographie est plus incisive. La mémoire procède par l'arrêt sur image ; son unité de base est l'image isolée. En cette ère d'information saturée, la photographie représente un moyen rapide d'appréhender un objet ainsi qu'une forme compacte de mémorisation. La photographie est comparable à une citation, à une maxime ou à un proverbe. Chacun d'entre nous dispose, dans son stock mental, de centaines de photographies dont le souvenir peut être instantanément rappelé. Qu'on mentionne seulement la photographie la plus célèbre de la guerre civile espagnole – celle du soldat républicain « touché » simultanément par l'appareil de Robert Capa et par une balle ennemie – et quiconque ou presque a entendu parler de cette guerre pourra se figurer l'image granuleuse, en noir et blanc, d'un homme vêtu d'une chemise blanche aux manches retroussées tombant à la renverse sur un monticule, le bras droit projeté en arrière tandis que son fusil lui échappe ; un homme saisi au moment où il va s'écrouler, mort, sur sa propre ombre.

C'est une image-choc, et là est sa pertinence. Incorporées au journalisme, les images étaient censées capter l'attention, faire tressaillir, surprendre. Le vieux slogan publicitaire du magazine *Paris-Match*, fondé en 1949, le disait bien : « Le poids des mots, le choc des photos ». La chasse aux images spectaculaires (qualificatif souvent employé) dynamise l'entreprise photographique et participe de la normalité d'une culture qui a fait du choc un des grands stimuli de la consommation autant qu'une source de valeur. « La beauté sera convulsive ou ne sera pas », proclamait André Breton. Cet idéal esthétique, l'écrivain le qualifiait de « surréaliste », mais dans une culture radicalement réorganisée par le pouvoir des valeurs mercantiles, demander aux images d'être bouleversantes, tonitruantes, de forcer le regard, relève d'un réalisme élémentaire et d'un solide sens des affaires. Quelle autre façon d'attirer l'attention sur son produit ou sur son art ? Quelle autre façon d'ébranler dans un monde où l'exposition à l'image est constante, et constante la surexposition à une poignée d'images vues et revues ? L'image-choc et l'image-cliché sont deux aspects de la même présence. Il y a soixante-cinq ans, toutes les photographies représentaient, à un degré ou à un autre, des innovations. (Il aurait été inconcevable pour Woolf – dont une photographie parut en couverture de *Time* en 1937 – que son visage fasse un jour l'objet de reproductions en série sur des tee-shirts, des tasses à café, des sacs en plastique de librairie, des aimants pour frigo ou des tapis de souris.) Rares étaient, durant l'hiver 1936-1937, les photographies de l'atroce : la description des horreurs de la guerre, telle que la montrent les photographies évoquées par Woolf dans *Trois Guinées*, s'apparente presque à un savoir clandestin. Notre situation est radicalement différente. L'image ultrafamilière, ultraglorifiée – qu'elle soit de douleur ou de ruine – constitue l'un des éléments inévitables d'un savoir sur la guerre qui nous est communiqué par le biais de l'appareil photographique.

Dès l'invention de l'appareil photographique, en 1839, la photographie a eu partie liée avec la mort. Parce qu'une image produite grâce à l'appareil photographique est, littéralement, la trace de quelque chose qui a été porté devant l'objectif, les photographies comme mémento du passé révolu ou des chers disparus ont toujours été supérieures à n'importe quelle œuvre picturale. Autre chose fut de saisir la mort au moment même où elle frappe : tant qu'il fallut traîner avec soi tout un équipement, installer l'appareil, le stabiliser, sa portée demeura limitée. Mais dès lors que l'appareil put se passer du trépied et devenir portable, dès lors qu'il fut pourvu d'un télémètre et d'un choix de lentilles permettant des prouesses d'observation inédites même à distance, la photographie acquit, pour traduire l'horreur de la mort en série, une immédiateté et une autorité supérieures à n'importe quel témoignage verbal. S'il y eut une année où le pouvoir de la photographie, non plus seulement d'enregistrer, mais de définir, les réalités les plus abominables surpassa tous les récits complexes, ce fut certainement 1945 – avec, en avril et début mai, les photographies de Bergen-Belsen, Buchenwald et Dachau prises aux premiers jours de la libération des camps et, début août, les images photographiées par des témoins japonais tels que Yosuke Yamahata au lendemain de l'incinération des populations d'Hiroshima et de Nagasaki.

L'ère du choc – pour l'Europe – avait commencé trente ans plus tôt, en 1914. Une année après le début de la Grande Guerre, ainsi qu'on l'appela, les certitudes acquises se révélèrent fragiles, voire indéfendables. Le cauchemar d'un conflit militaire suicidaire dont les parties belligérantes ne parvenaient pas à s'extraire – et surtout, le massacre quotidien subi dans les tranchées du front occidental – était ressenti, par beaucoup, comme excédant le pouvoir de description des mots[1]. En 1915, nul autre que l'auguste débusqueur de la réalité tapie dans les mots, le magicien du verbe, Henry James, déclarait au *New York Times* : « Appliquer les mots habituels, au milieu de tout cela, est devenu aussi difficile que

---

1. Le premier jour de la bataille de la Somme (1er juillet 1916), 60 000 soldats britanniques furent tués ou grièvement blessés – dont 30 000 au cours de la première demi-heure. À la fin des quatre mois et demi que dura cette bataille, on dénombrait 1 300 000 soldats tués ou grièvement blessés dans les deux camps ennemis, pour une progression franco-britannique de huit kilomètres.

de supporter ses pensées. La guerre a éreinté les mots ; ils se sont affaiblis, dégradés. » Et Walter Lippmann écrivait, en 1922 : « Les photographies ont aujourd'hui, sur l'imagination, le type d'autorité qu'avait hier le mot imprimé, et avant lui la parole. Elles semblent être totalement réelles. »

Les photographies présentaient l'avantage d'unir deux qualités contradictoires. Elles pouvaient se prévaloir d'une objectivité consubstantielle ; mais elles adoptaient toujours, nécessairement, un point de vue. Elles étaient une saisie de la réalité – irréfutable, ce qu'aucun témoignage verbal, fût-il impartial, ne pourra jamais être – puisqu'une machine enregistrait cette réalité. Et elles étaient un témoignage sur la réalité – puisque quelqu'un avait appuyé sur le déclencheur.

Les photographies, assure Woolf, « ne constituent pas des arguments ; elles sont le simple constat brutal de certains faits livrés au regard ». La vérité est que les photographies ne sont pas réductibles à un « simple » quoi que ce soit, et que ni Woolf, ni personne ne les considère comme de purs faits. Woolf, en effet, ajoute immédiatement que « le regard est lié au cerveau ; le cerveau au système nerveux. Ce système envoie des messages rapides à travers toute la mémoire passée et toutes les sensations présentes. » Cette subtile transaction permet aux photographies d'être à la fois une saisie objective et un témoignage personnel, une copie ou transcription fidèle d'un instant de réalité et une interprétation de cette réalité – prouesse à laquelle la littérature aspire depuis longtemps, sans pouvoir y atteindre de façon aussi littérale.

Ceux qui soulignent la force d'évidence de l'image produite par l'appareil photographique doivent esquiver la question de la subjectivité du preneur d'images. Ce qu'exige le public, en matière de photographie de l'horreur, c'est le poids du témoignage sans la touche artistique, qu'il assimile au manque de sincérité ou à l'artifice. Les images d'événements cauchemardesques paraissent plus authentiques si elles n'ont pas l'apparence que confèrent un bon éclairage et une composition soignée, soit parce que le photographe est un amateur, soit – tout aussi efficace – parce qu'il a fait sienne l'une des veines antiartistiques en vogue. En adoptant, artistiquement parlant, un profil bas, ces images passent pour moins manipulatrices – soupçon qui pèse aujourd'hui sur toutes les images, produites en masse, de la douleur – et moins susceptibles d'éveiller la compassion ou l'identification complaisantes.

Outre qu'on prête aux images moins léchées une certaine qualité d'authenticité, certaines peuvent même rivaliser avec les meilleures, tant sont permissifs les critères par lesquels une image devient mémorable, éloquente. En témoigne l'exemplaire exposition de photographies commémorant la destruction du World Trade Center qui se tint à Manhattan, fin septembre 2001, dans une boutique de SoHo reconvertie en galerie. Les organisateurs de *Here Is New York* – tel était le titre donné à l'exposition – avaient lancé un appel invitant quiconque, amateur ou professionnel, détenait des images prises lors de l'attentat et dans les jours suivants à les apporter. Il y eut plus de mille réponses au cours des premières semaines, et pour toute personne qui soumettait ses photographies, une au moins était sélectionnée. Dépourvues de signature et de légende, les photos furent toutes exposées, couvrant les murs de deux petites pièces ou défilant sur l'écran d'un ordinateur (ainsi que sur le site web de l'exposition) ; toutes en vente, aussi, sous la forme d'un tirage à jet d'encre de bonne qualité, pour la même modique somme de vingt-cinq dollars (destinée à alimenter un fonds d'aide aux enfants des victimes du 11 septembre). Ce n'est qu'après l'achat que le client découvrait qu'il ou elle avait peut-être acheté une œuvre de Gilles Peress (coorganisateur de l'exposition), de James Nachtwey, ou encore cette photo qu'une institutrice à la retraite avait prise avec son instamatic, depuis la fenêtre de son modeste appartement du Village, au moment précis où la tour nord s'effondrait. Le sous-titre de l'exposition, « Une démocratie de photographies », donnait à entendre que certains travaux d'amateurs étaient de même qualité que les images des professionnels chevronnés invités à participer. Et, de fait, certains travaux avaient cette qualité – ce qui dit quelque chose de la photographie, sinon nécessairement de la démocratie culturelle. La photographie est le seul art majeur dans lequel le professionnalisme et les années d'expérience n'ont pas, sur l'amateurisme et l'inexpérience, un avantage insurmontable – et cela pour bien des raisons, telles que la part importante qui revient au hasard (ou à la chance) dans la prise de photographies, et la faveur dont jouissent le spontané, le fruste, l'imparfait. (Il n'existe pas de degré zéro comparable en littérature, où quasiment rien n'est dû au hasard ou à la chance, et où le raffinement du langage n'induit en général pas de pénalisation ; ni dans les arts du spectacle, où le vrai succès n'est accessible qu'au prix d'une préparation épuisante et d'une pratique quotidienne ; ni dans le cinéma, qui n'est pas guidé outre mesure par les préjugés anti-artistiques qui régissent l'essentiel de la photographie d'art contemporaine.)

Que la photographie soit comprise comme un objet naïf ou comme l'œuvre d'un maître de l'artifice, sa signification – et l'écho qu'elle trouve chez le spectateur – dépend de l'identification, bonne ou mauvaise, qu'elle suscite ; des mots, donc. Le principe directeur, le moment, le lieu et le public ému ont fait de cette exposition une sorte d'exception. La foule grave des New-Yorkais qui a fait la queue des heures entières, chaque jour de l'automne 2001, pour voir *Here Is New York* n'avait pas besoin de légendes. Sa compréhension n'était que trop grande de ce dont elle était la spectatrice, immeuble après immeuble, rue après rue – le feu, les décombres, la peur, l'épuisement, le chagrin. Mais un jour viendra, bien sûr, où les légendes seront nécessaires. Et les interprétations erronées, les souvenirs gauchis, les nouveaux usages idéologiques auxquels seront soumises ces images nous feront prendre la mesure de la différence.

Normalement, s'il existe une distance par rapport au sujet, ce qu'une photographie « dit » peut être interprété de plusieurs manières. On finit toujours par lire, dans une photographie, ce qu'elle *devrait* dire. Intercalez, dans un long plan montrant un visage parfaitement impassible, des prises de vue aussi disparates qu'une assiette de soupe fumante, une femme dans un cercueil et une fillette jouant avec son ours en peluche, et le spectateur – comme l'a illustrement prouvé le premier théoricien du cinéma, Lev Koulechov, dans le « Laboratoire expérimental » qu'il dirigeait à Moscou pendant les années 1920 – s'émerveillera de la subtilité et de la variété des expressions de l'acteur. Face à une photographie, nous utilisons ce que nous savons de l'histoire dans laquelle s'inscrit le sujet représenté. La photographie si souvent reproduite de David Seymour (dit « Chim »), *Land Distribution Meeting, Extremadura, Spain, 1936*, qui montre une femme très maigre tenant un bébé accroché à son sein et levant son regard (intense ? anxieux ?) vers le ciel, passe souvent pour l'image de quelqu'un guettant avec frayeur l'arrivée des bombardiers. Sur son visage, sur les visages de ceux qui l'entourent, l'expression semble être d'intense appréhension. La mémoire a modifié l'image en fonction de ses besoins, conférant à la photographie de Chim le statut d'un emblème s'appliquant non pas à ce que l'image déclare montrer (un meeting politique se tenant en plein air, quatre mois avant le début de la guerre), mais à ce que l'Espagne allait bientôt connaître et dont la résonance serait si forte : l'utilisation comme arme de combat, pour la première fois en Europe, de raids aériens sur les villes et les villages dans le seul but de leur anéantissement total[1]. Le temps vint bientôt, en effet, où le ciel fut rempli d'avions projetant leurs bombes sur des paysans sans terre semblables à ceux de la photographie. (Mais qu'on regarde de nouveau cette mère allaitant, son front creusé d'une ride, ses yeux plissés, sa bouche entrouverte : ne dirait-on pas, à présent, qu'elle plisse les yeux à cause du soleil ?)

Les photographies que reçoit Woolf sont traitées

1. Rien dans la façon barbare dont Franco mena cette guerre n'a autant marqué les mémoires que ces raids, exécutés pour la plupart par l'unité aérienne allemande que Hitler avait envoyée pour aider Franco – la légion Condor – et commémorés dans le *Guernica* de Picasso. Ces raids n'étaient cependant pas sans précédent. Il y avait eu, pendant la Première Guerre mondiale, quelques bombardements sporadiques, d'une relative inefficacité ; par exemple, les Allemands avaient conduit des raids à partir de zeppelins, puis d'avions, sur un certain nombre de villes, dont Londres, Paris et Anvers. Beaucoup plus meurtriers avaient été les bombardements, par les nations européennes, de leurs colonies – ils avaient débuté avec l'attaque, en octobre 1911, de la région de Tripoli par des avions de combat italiens. Les opérations dites de « contrôle aérien » représentaient une solution économique de rechange au maintien, couramment pratiqué, d'importantes garnisons pour assurer l'ordre parmi les possessions plus rétives de la Grande-Bretagne. L'une de ces possessions était l'Irak, qui (avec la Palestine) faisait partie du butin de guerre que la Grande-Bretagne avait reçu au moment du démantèlement de l'Empire ottoman, après la Première Guerre mondiale. Entre 1920 et 1924, la toute jeune Royal Air Force prenait régulièrement pour cible des villages irakiens, campements souvent reculés où les rebelles auraient été susceptibles de se réfugier ; ces raids « étaient conduits en permanence, nuit et jour, et visaient aussi bien les maisons que les habitants, les cultures ou les troupeaux », selon la tactique décrite par un lieutenant-colonel de la RAF.

comme une fenêtre sur la guerre : elles offrent, du thème abordé, une vue transparente. Peu importe, pour elle, que ces images aient un « auteur » – qu'elles représentent le point de vue de *quelqu'un* –, même si c'est précisément vers la fin des années 1930 que fut inventée cette profession consistant à témoigner individuellement de la guerre et de ses atrocités par le biais de l'appareil photographique. Jadis, la photographie de guerre était essentiellement l'apanage des quotidiens et des hebdomadaires (la presse publiait des photographies depuis 1880). Puis on vit apparaître, à côté des vieux magazines populaires du XIXe siècle tels que le *National Geographic* et le *Berliner Illustrierte Zeitung*, où la photographie servait d'illustration, des hebdomadaires à grand tirage, notamment, en France, le magazine *Vu* (1929), en Amérique *Life* (1936), en Grande-Bretagne *Picture Post* (1938) ; ils avaient pour vocation de publier des images (accompagnées de courts textes descriptifs) et

---

Ce qui horrifia l'opinion publique, dans les années 1930, fut que le massacre de civils dans des raids aériens pût avoir lieu en Espagne : ce genre de chose n'était pas censé arriver *là*. Ainsi que l'a fait observer David Rieff, c'est un sentiment analogue qui attira l'attention sur les atrocités commises par les Serbes en Bosnie, au début des années 1990, depuis les camps de la mort, comme Omarska, au début de la guerre, jusqu'au massacre de Srebrenica, où plus de 8 000 hommes et jeunes garçons – soit l'essentiel de la population masculine – furent encerclés, fusillés et précipités dans des fosses communes, une fois que la ville, abandonnée par le bataillon hollandais de la FORPRONU, eut été laissée aux mains du général Ratko Mladić : ce genre de chose n'est *plus* censé arriver ici, en Europe.

des « récits illustrés » – au moins quatre ou cinq clichés du même photographe remorqués par un récit
qui venait encore renforcer le caractère spectaculaire
des photos. Dans les journaux, l'image était unique
et elle accompagnait le texte.

Dans les journaux, par ailleurs, la photographie
de guerre voisinait avec les mots (l'article qu'elle
illustrait et les autres articles), tandis que les magazines lui réservaient plutôt de jouxter une image
concurrente vantant les vertus de tel ou tel produit.
Lorsque la photographie, par Capa, de la mort frap-
pant un milicien parut dans *Life*, le 12 juillet 1937,
elle occupait la totalité de la page de droite ; en
regard, sur la page de gauche, figurait une publicité
pleine page pour Vitalis, un baume capillaire pour
hommes, accompagnée d'une petite image montrant
un joueur de tennis et d'un grand portrait où ce
même joueur, vêtu à présent d'un smoking blanc,
exhibait une chevelure lisse et brillante, impeccable-
ment peignée[1]. Cette juxtaposition – chaque usage
de l'appareil impliquant l'invisibilité de l'autre –
semble aujourd'hui non seulement bizarre, mais sin-
gulièrement datée.

1. La photographie, déjà très admirée à l'époque, de Capa
– prise, selon les dires de l'auteur, le 5 septembre 1936 – fut
publiée pour la première fois dans *Vu* le 23 septembre 1936 ;
elle figurait au-dessus d'une autre photographie, prise depuis le
même angle et sous le même éclairage, montrant un autre soldat républicain qui s'effondrait au même endroit tandis que sa
main droite laissait échapper son fusil. Cette photo-là ne fut
jamais republiée. La première image parut par ailleurs, quelque
temps plus tard, dans le quotidien *Paris-Soir*.

Dans un système fondé sur la reproduction et la diffusion maximales des images, le témoignage exige la création de témoins-vedettes, réputés pour leur bravoure et leur ardeur à obtenir des photographies intéressantes, dérangeantes. L'un des premiers numéros de *Picture Post* (3 décembre 1938), qui publiait un ensemble de photographies de la guerre civile espagnole réalisé par Capa, montrait en couverture un portrait du beau photographe, vu de profil, l'appareil appuyé contre son visage : « Le plus grand de tous les photographes de guerre : Robert Capa ». Les photographes de guerre ont hérité du dernier prestige qui s'attachait encore, parmi les antibelliqueux, au fait d'aller à la guerre, notamment lorsque celle-ci apparaissait comme l'un de ces rares conflits où toute personne de conscience aurait à prendre parti. (Presque soixante ans plus tard, la guerre en Bosnie inspira, parmi les journalistes qui vécurent un temps dans le Sarajevo assiégé, le même genre de sentiments partisans.) Et contrairement à la guerre de 1914-1918, que bien des vainqueurs perçurent clairement comme une colossale erreur, la deuxième « guerre mondiale » fut unanimement ressentie par la partie gagnante comme une guerre nécessaire, une guerre qui devait être faite.

Le photojournalisme, quant à lui, trouva sa voie au début des années 1940 – en temps de guerre. La moins controversée des guerres modernes, dont le bien-fondé allait être définitivement établi par la révélation complète, en 1945, du mal nazi, offrit aux reporters photographes la possibilité d'accéder à une nouvelle légitimité – légitimité qui ne laissait guère de place à la dissidence de gauche qui avait caractérisé les principales expressions d'un usage sérieux de la photographie dans l'entre-deux-guerres, parmi lesquelles le *Guerre à la guerre !* de Friedrich et les premières œuvres de Capa, figure de proue d'une génération de photographes engagés centrant leur travail sur la guerre et la condition des victimes. Sous la poussée d'un nouveau consensus libéral se faisant autour de problèmes sociaux aigus et des solutions à y apporter, la question des moyens d'existence et de l'indépendance du photographe passa au premier plan. L'une des conséquences fut la constitution, par Capa et quelques-uns de ses amis (dont Chim et Henri Cartier-Bresson), d'une coopérative : l'agence Magnum, qui vit le jour à Paris, en 1947. L'objectif immédiat de Magnum – qui allait rapidement devenir le consortium le plus influent et le plus prestigieux de la profession – était d'ordre pratique : représenter des photographes free-lance, qui avaient le goût de l'aventure, auprès des magazines qui les envoyaient sur le terrain. Parallèlement, la charte de Magnum, souscrivant au moralisme qui sous-tend les chartes fondatrices des organisations et guildes internationales créées dans l'immédiat après-guerre, assignait aux journalistes photographes une mission élargie à contenu éthique : faire la chronique de leur époque, fût-elle de guerre ou de paix, en témoins honnêtes, libres de tout préjugé chauvin.

Par la voix de Magnum, la photographie se déclara entreprise globale. La nationalité et l'affiliation du photographe à un organe de presse de son pays n'avaient, en principe, aucune importance. Le photographe pouvait venir de n'importe où. Son domaine, c'était le « monde ». Tel le nomade, il ou elle faisait des guerres exceptionnellement intéressantes (il y en avait tant, en effet) sa destination favorite.

La mémoire de la guerre, toutefois, comme toute mémoire, est essentiellement locale. Les Arméniens, peuple majoritairement dispersé, gardent vivant le souvenir du génocide qu'ils ont subi en 1915 ; les Grecs n'oublient pas la sanguinaire guerre civile qui a fait rage chez eux, à la fin des années 1940. Mais pour qu'une guerre franchisse les limites de sa circonscription immédiate et devienne un sujet d'intérêt international, il faut – les guerres étant ce qu'elles sont – qu'elle fasse figure d'exception et représente plus qu'un conflit d'intérêts entre les belligérants eux-mêmes. La plupart des guerres ne satisfont pas à cette exigence d'un surcroît de signification. Un exemple : la guerre du Chaco (1932-1935), boucherie opposant la Bolivie (un million d'habitants) au Paraguay (trois millions et demi d'habitants), qui entraîna la mort de cent mille soldats et fut couverte par un reporter photographe allemand, Willi Ruge, dont les superbes photographies de bataille font désormais l'objet du même oubli que cette guerre. Mais la guerre civile qui divisa l'Espagne dans la deuxième moitié des années 1930, les guerres menées à l'encontre de la Bosnie par les Serbes et les Croates au milieu des années 1990, l'aggravation dramatique du conflit israélo-palestinien à partir de 2000 – tous ces conflits étaient sûrs d'attirer le regard de l'appareil parce qu'ils étaient investis de la signification qu'on prête aux luttes plus grandes : la guerre civile espagnole parce qu'elle était une prise de position à l'encontre de la menace fasciste et (rétrospectivement) une dernière répétition avant la guerre européenne, ou « mondiale », qui se profilait ; la guerre en Bosnie parce qu'elle touchait un petit pays frêle de l'Europe méridionale désirant préserver à la fois son multiculturalisme et son indépendance face à la puissance en exercice dans cette région du monde et à son programme néofasciste de purification ethnique ; quant à l'actuel conflit portant sur la nature et l'administration des territoires revendiqués par les Juifs d'Israël et par les Palestiniens, les points d'ignition sont multiples, depuis l'inébranlable notoriété du peuple juif, l'écho unique produit par l'extermination de la judaïté européenne à l'époque du nazisme, jusqu'au soutien capital des États-Unis à l'État israélien et l'assimilation d'Israël à une sorte d'État d'« apartheid » exerçant, sur les territoires conquis en 1967, une domination brutale. Or pendant ce temps-là, des guerres beaucoup plus cruelles, impliquant le massacre implacable de civils dans des raids aériens et des combats au sol – l'interminable guerre civile soudanaise, les campagnes irakiennes contre les Kurdes, les invasions et l'occupation de la Tchétchénie par les Russes –, n'attirent que peu le regard de l'appareil.

C'est principalement en Asie et en Afrique que les photographes les plus réputés sont allés chercher, dans les années 1950, 1960 et au début des années 1970, les documents qui ont rendu certains sites de douleur mémorables – Werner Bischof, avec ses images des victimes de la famine en Inde, Don McCullin, en photographiant les victimes de la guerre et de la famine au Biafra, W. Eugene Smith, en montrant les victimes d'une pollution mortelle dans un village de pêcheurs japonais. Les famines indienne et africaine n'étaient pas de simples catastrophes « naturelles » ; on aurait pu les prévenir, c'était donc là un crime d'une grande ampleur. Quant à ce qui s'est passé à Minamata, le crime est manifeste : la Chisso Corporation savait qu'elle déversait des déchets chargés de mercure dans la baie (après une année de prises de vue, Smith fut grièvement blessé, au point de conserver des séquelles permanentes, par les hommes de main de la Chisso qui avaient mission de mettre un terme à son enquête photographique). La guerre, cependant, reste le plus grand crime, et depuis le milieu des années 1960, la plupart des photographes de renom qui vont sur le terrain considèrent que leur rôle est d'en montrer le « vrai » visage. Les photographies en couleurs que fit Larry Burrows et que publia *Life*, à partir de 1962 – portraits de villageois vietnamiens suppliciés et de conscrits américains blessés –, renforcèrent incontestablement le tollé contre la présence américaine au Vietnam. (Burrows fut, avec trois autres photographes, abattu en 1971, alors qu'il voyageait à bord d'un hélicoptère de l'armée américaine survolant la piste Ho Chi Minh au Laos. *Life*, à la grande tristesse de tous ceux qui, comme moi, s'étaient depuis l'enfance nourris de ses photographies de guerre et d'art, cessa de paraître en 1972.) Burrows fut le premier grand photographe à utiliser la couleur pour couvrir toute une guerre — garantie supplémentaire de vraisemblance, c'est-à-dire de choc. Dans l'atmosphère politique présente, la plus favorable qu'ait connue l'armée depuis des dizaines d'années, les photographies des misérables GI's aux yeux caves, qui semblaient jadis propres à subvertir le militarisme et l'impérialime, pourraient se révéler inspirantes. Après révision, leur thème devient : de jeunes Américains ordinaires accomplissant leur devoir déplaisant, ennoblissant.

Exception faite de l'Europe aujourd'hui, qui revendique son droit à choisir de ne pas faire la guerre, une vérité demeure inchangée : la plupart des gens refusent de mettre en question les rationalisations avancées par leur gouvernement pour engager ou poursuivre une guerre. Il faut des circonstances très particulières pour qu'une guerre devienne véritablement impopulaire (la perspective d'être tué n'en constitue pas nécessairement une). Lorsqu'une guerre est impopulaire, le matériau rassemblé par les photographes, en ce qu'il peut servir à révéler le conflit, est très utile. Mais que la protestation soit absente, et les mêmes photographies antiguerre pourront être lues comme des images de souffrance, ou d'héroïsme, d'admirable héroïsme, dans un conflit inévitable auquel seule une victoire ou une défaite peut mettre fin. Les intentions du photographe ne déterminent pas la signification de l'image, qui poursuivra sa carrière propre, livrée aux lectures fantasques ou loyales des diverses communautés qui en feront usage.

3

En quoi protester contre la douleur se distingue-
t-il d'en prendre acte ?

L'iconographie de la douleur possède un pedigree
très ancien. La douleur jugée digne de représentation est, le plus souvent, celle qui paraît émaner de
la colère, divine ou humaine. (La douleur provenant
de causes naturelles, comme la maladie ou l'enfante-
ment, n'est que peu représentée en histoire de l'art ;
celle induite par l'accident ne l'est quasiment pas –
comme s'il n'était pas possible de souffrir par inadvertance ou par manque de chance.) Le groupe en
marbre représentant Laocoon et ses fils étreints par
les serpents, les innombrables versions peintes et
sculptées de la Passion du Christ et l'inépuisable
catalogue visuel des cruelles exécutions des martyrs
chrétiens – ces œuvres, assurément, sont faites pour
émouvoir et exciter, mais aussi instruire et donner en
exemple. Le spectateur peut compatir à la douleur
de celui qui souffre – et, s'agissant des saints chrétiens, se sentir exhorté ou inspiré par ce modèle de

foi et de force d'âme –, mais ces destinées excèdent la déploration ou la contestation.

Il semblerait que l'appétit pour les images qui montrent des corps souffrants soit aussi vif, ou presque, que le désir d'images donnant à voir des corps nus. Pendant des siècles, les représentations de l'enfer, dans l'art chrétien, ont offert dans ce domaine quelques satisfactions brutes. Selon les cas, le prétexte a été une anecdote biblique de décapitation (Holopherne, saint Jean Baptiste), une histoire de massacre (les nouveau-nés hébreux, les onze mille vierges), ou toute autre chose du même genre possédant le statut d'un événement historique réel ou d'un destin implacable. Il y avait aussi le répertoire, constitué dans l'antiquité classique, des cruautés difficiles à regarder – les mythes païens, plus encore que les récits chrétiens, satisfont en la matière les goûts les plus divers. Aucune charge morale ne s'attache à la représentation de ces cruautés. Juste une question, provocante : « Pouvez-vous regarder ceci ? » Il y a la satisfaction d'être capable de supporter l'image sans frémir. Il y a le plaisir de frémir.

Une chose est de frissonner devant la représentation, dans la gravure intitulée *Le Dragon dévorant les compagnons de Cadmos* (1588) de Goltzius, du visage d'un homme arraché à coups de dents, et une autre de frémir devant la photographie d'un ancien combattant de la Première Guerre mondiale dont le visage a été pulvérisé. La première horreur s'inscrit dans un sujet complexe – un paysage peuplé de personnages – qui révèle le talent d'observation et d'exécution de l'artiste. L'autre est la saisie en gros plan, par l'appareil photographique, de l'atroce mutilation infligée à une personne réelle. Cela et rien d'autre. On peut être bouleversé par la vision d'une horreur inventée (je trouve, quant à moi, difficile de regarder le somptueux *Supplice de Marsyas* de Titien, ou d'ailleurs n'importe quelle représentation de ce thème). Mais la honte, autant que le choc, accompagne le regard que l'on porte sur une horreur réelle saisie de près. Les seules personnes à qui revient le droit de regarder des images de douleur aussi extrêmes sont peut-être celles qui disposent du pouvoir de l'atténuer – les chirurgiens de l'hôpital militaire où la photographie a été prise, par exemple – ou celles qui pourraient apprendre quelque chose de cette douleur. Mais les autres sont des voyeurs, qu'on le veuille ou non.

Dans chaque exemple, l'horrible nous convie à la posture du spectateur ou du lâche, incapable de regarder. Ceux qui ont le cœur à regarder jouent un rôle légitimé par les nombreuses descriptions glorieuses de la douleur. Le supplice, thème canonique en art, est souvent représenté comme un spectacle dans la peinture, quelque chose que des gens regardent (ou ignorent). Avec ce sous-entendu : non, rien ne peut empêcher cela – impuissance que souligne le mélange des deux catégories de spectateurs, l'attentive et l'inattentive.

La pratique consistant à représenter l'atrocité de la douleur comme quelque chose qu'il convient de déplorer, voire, si possible, d'arrêter, fait son entrée dans l'histoire des images par le biais d'un thème précis : les souffrances endurées par une population civile à la merci d'une armée victorieuse adonnée au saccage. C'est là un thème proprement séculaire, qui voit le jour au XVIIᵉ siècle, lorsque les réajustements de pouvoir deviennent un matériau exploitable par les artistes. En 1633, Jacques Callot publie un ensemble de dix-huit eaux-fortes intitulé *Les Misères et Malheurs de la guerre*, qui décrit les atrocités infligées aux civils par les troupes françaises lors de l'invasion et de l'occupation, dans les années 1630, de sa Lorraine natale. (Six petites gravures sur le même thème, antérieures à la grande série, parurent l'année de la mort de Callot, en 1635.) La perspective est ample et profonde : il s'agit de grandes scènes peuplées de nombreux personnages, d'images dotées d'une histoire, légendées d'un commentaire en vers décrivant sentencieusement les énergies à l'œuvre et les misères subies. La première gravure montre l'enrôlement des troupes ; ensuite viennent des images de bataille, de massacre, de pillage, de viol, d'engins de torture et d'exécution (l'estrapade, la potence, l'arquebusade, le bûcher, la roue) ; on poursuit avec la revanche que les paysans prennent sur les soldats pour terminer avec la distribution des récompenses. Saisissante et sans précédent est la manière dont l'artiste souligne, gravure après gravure, la sauvagerie d'une armée conquérante ; mais les soldats français ne sont que les meneurs de jeu de cette orgie de violence et la sensibilité humaniste chrétienne de Callot est assez grande pour qu'il ne se contente pas de déplorer la perte d'indépendance du duché de Lorraine : il atteste aussi le sort des soldats indigents après la guerre, la main tendue vers l'aumône sur le bord des routes.

Callot eut ses successeurs, tel Hans Ulrich Franck, un artiste allemand mineur qui, en 1643, vers la fin de la guerre de Trente Ans, entama une série qui comporterait, en 1656, vingt-cinq eaux-fortes décrivant des soldats tuant des paysans. Mais c'est à Goya que l'on doit d'avoir, au début du XIXᵉ siècle, insisté le plus vigoureusement sur les horreurs de la guerre et la vilenie débridée des soldats. *Los Desastres de la Guerra* (*Les Désastres de la guerre*), une suite numérotée de quatre-vingt-trois eaux-fortes réalisées entre 1810 et 1820 (qui, à l'exception de trois d'entre elles, furent publiées pour la première fois en 1863, trente-cinq ans après la mort de l'artiste), décrivent les atrocités perpétrées par les soldats de Napoléon, qui envahirent l'Espagne en 1808 pour étouffer l'insurrection contre l'autorité française. Les images de Goya conduisent le spectateur au bord de l'horreur. Tous les ornements du spectaculaire ont été éliminés : le paysage n'est plus qu'une atmosphère, une obscurité, à peine esquissée. La guerre n'est pas un spectacle. Et la série réalisée par Goya n'est pas un récit : chaque image, qui s'accompagne d'une courte légende déplorant la perversité des envahisseurs et la monstruosité de la souffrance infligée, possède son autonomie propre. L'effet d'accumulation est dévastateur.

Les cruautés morbides figurées dans *Les Désastres de la guerre* visent à réveiller, choquer, blesser le spectateur. L'art de Goya, comme celui de Dostoïevski, apparaît comme un tournant dans l'histoire du sentiment moral et de l'affliction – aussi profond, aussi original, aussi exigeant. Avec Goya, un nouveau modèle de sensibilité à la douleur fait son entrée dans l'art (ainsi que de nouveaux thèmes propices à ce genre de sentiment, comme par exemple ce tableau où Goya nous montre un maçon blessé que l'on transporte loin du chantier). L'exposé des cruautés de la guerre est conçu comme un assaut à la sensibilité du spectateur. Les formules expressives portées à la main sous chaque image commentent la provocation. Alors que l'image, comme toute image, invite au regard, la légende, la plupart du temps, souligne la difficulté qui s'attache à la chose. Une voix, celle de l'artiste sans doute, apostrophe le spectateur : « Pourrez-vous supporter de regarder ceci ? » Une légende déclare : On ne peut pas regarder (*No se puede mirar*). Une autre dit : Ceci est mal (*Esto es malo*). Une autre rétorque : Ceci est pire (*Esto es peor*). Une quatrième crie : Ceci est le pire ! (*Esto es lo peor !*) Barbares ! (*Barbaros !*) clame une légende. Quelle folie ! (*Que locura !*) proteste une autre. Ou : C'est trop ! (*Fuerte cosa es !*) Ou encore : Pourquoi ? (*Por qué ?*)

La légende d'une photographie est, traditionnellement, neutre, informative : une date, un lieu, des noms. On imagine mal une photographie de reconnaissance de 1914-1918 (première des guerres où l'appareil photographique fut mis au service du renseignement militaire) accompagnée de la légende « Vivement qu'on envahisse ! » ou bien la radiographie d'une fracture multiple assortie du commentaire « Le patient boitera sans doute ! » De même, la nécessité ne devrait pas se faire sentir de prêter à la photo la voix du photographe, afin d'assurer le spectateur de la véracité de l'image, comme le fait Goya dans *Les Désastres de la guerre*, lorsqu'il porte, sous une gravure, ce commentaire : J'ai vu cela (*Yo lo ví*). Et sous une autre : C'est la vérité (*Esto es lo verdadero*). Le photographe a bien sûr vu cela. Et à moins d'une falsification ou d'une déformation, c'est bien la vérité.

Le langage ordinaire fixe la différence entre les images fabriquées de la main de l'artiste, comme celles de Goya, et les photographies, en posant, par convention, que les artistes « font » des dessins et des tableaux alors que les photographes « prennent » des photographies. Mais l'image photographique, même à dire qu'elle est une trace (et non une construction faite à partir de traces photographiques disparates), ne peut pas être le simple reflet transparent de ce qui s'est produit. Elle est toujours l'image choisie par quelqu'un ; photographier, c'est cadrer, et cadrer, c'est exclure. Qui plus est, le truquage des images est bien antérieur à l'ère de la photographie digitale et des manipulations du Photoshop : une photographie est, depuis toujours, susceptible de fournir une représentation erronée. On estime faux un tableau ou un dessin dont il ressort qu'il n'est pas de l'artiste auquel on l'avait d'abord attribué. Une photographie – ou un document filmé, visible à la télévision ou sur l'internet – est jugée fausse lorsque preuve est faite qu'elle trompe le spectateur sur la scène décrite.

Que les atrocités perpétrées par les soldats français en Espagne ne soient pas exactement de même nature que ce qui est décrit – la victime, mettons, n'est pas tout à fait ressemblante, ou cela ne s'est pas passé près d'un arbre – ne suffit pas à discréditer *Les Désastres de la guerre*. Les images de Goya opèrent une synthèse. Elles déclarent : « Des choses *de cette nature* se sont produites. » À l'inverse, une photographie ou une séquence filmée isolée se donnent comme une représentation exacte de ce qui était devant l'objectif. Une photographie n'est pas censée évoquer, mais montrer. C'est pour cela que les photographies, contrairement aux images peintes ou dessinées, peuvent compter comme preuve. Mais preuve de quoi ? Le soupçon que la photographie de Capa, *Mort d'un milicien pendant une attaque de Cerro Murioano*, ne montre peut-être pas ce qu'elle déclare montrer (selon une hypothèse, il s'agirait d'un exercice d'entraînement près de la ligne de front) continue de hanter les débats sur la photographie de guerre. En matière de photographie, on a tendance à tout prendre au pied de la lettre.

Les images des souffrances générées par la guerre font aujourd'hui l'objet d'une si vaste distribution qu'on oublie aisément qu'elles ne correspondent que depuis peu à ce que l'on attend d'un photographe de renom. Historiquement, les photographes ont offert du métier de combattant, et des satisfactions qui s'attachent au fait d'engager une guerre ou de la poursuivre, des images pour la plupart positives. Si les gouvernements avaient le dernier mot, la photographie de guerre, tout comme la poésie de guerre, battrait le rappel en faveur du sacrifice des soldats.

C'est de fait avec cette mission, cette disgrâce, que la photographie de guerre voit le jour. Le conflit est la guerre de Crimée, dont Roger Fenton, que l'on décrit invariablement comme le premier photographe de guerre, n'est rien moins que l'envoyé « officiel », dépêché sur place début 1855, à l'instigation du prince Albert, par le gouvernement britannique. Conscient de la nécessité de faire contrepoids aux descriptions alarmantes, dans la presse, des risques inattendus et des privations imposés aux soldats de Sa Majesté depuis une année, le gouvernement invite un photographe professionnel réputé à donner une autre impression, plus positive, de cette guerre dont l'impopularité va croissant.

Dans *Père et Fils* (1907), son évocation d'une enfance anglaise au milieu du XIXe siècle, Edmund Gosse raconte comment la guerre de Crimée a pénétré jusque dans sa famille – cette communauté de gens pieux, détachés du monde, qui appartient à la secte évangélique des Frères de Plymouth :

> La déclaration de guerre à la Russie introduisit le premier souffle d'une vie étrangère dans notre cloître calviniste. Mes parents – chose inédite – se mirent à lire un quotidien, et des événements se déroulant dans des endroits pittoresques, dont mon père et moi-même vérifiions l'existence sur la carte, firent l'objet de discussions passionnées.

> La guerre était alors l'actualité la plus irrésistible – et la plus pittoresque. (Ce qu'elle continue d'être, avec son précieux substitut : le sport international.)

Mais cette guerre-là était porteuse d'autre chose que de l'actualité. Porteuse de mauvaises nouvelles. Le quotidien fiable, non illustré, auquel les parents de Gosse avaient succombé, *The Times*, attaquait l'autorité militaire dont l'incompétence entraînait, pour le pays, l'éternisation d'une guerre si coûteuse en vies humaines. Le tribut payé hors combat était terrifiant – vingt-deux mille soldats moururent de maladie, des milliers perdirent bras et jambes à cause du gel qui sévit pendant le long hiver russe de l'interminable siège de Sébastopol –, et certains affrontements militaires furent de vrais désastres. C'était encore l'hiver lorsque Fenton arriva en Crimée pour un séjour de quatre mois, après avoir signé un contrat dans lequel il s'engageait à publier ses photo- graphies (sous forme de gravures) dans un hebdoma- daire moins illustre et moins critique, *The Illustrated London News*, à les exposer dans une galerie et à les commercialiser sous forme de livre à son retour.

Ayant reçu du ministère de la Guerre la consigne de ne pas photographier les morts, les estropiés et les malades, et ne pouvant, du fait d'un matériel encombrant, s'attacher à d'autres thèmes, Fenton entreprit de rendre compte de la guerre comme d'une excursion à laquelle seul participerait un groupe d'hommes très dignes. Dans la mesure où chaque image nécessitait une préparation chimique spéciale en chambre noire pour un temps d'exposi- tion de quinze secondes, Fenton ne pouvait photo- graphier des officiers britanniques en train de converser dehors ou de simples soldats fourbissant leurs canons qu'après leur avoir demandé de se regrouper, debout ou assis, d'attendre ses consignes et de ne plus bouger. Ses photographies sont des tableaux de la vie militaire en deçà du front ; la guerre – ses mouvements, son désordre, son drame – reste inaccessible au regard de l'appareil. De toutes les photographies prises par Fenton en Crimée, la seule qui aille au-delà de la simple documentation obligeante est *The Valley of the Shadow of Death*, dont le titre évoque à la fois la consolation offerte par le Psalmiste et le désastre du mois d'octobre précédent, lors de l'embuscade de six cents soldats britanniques dans la plaine de Balaklava – Tennyson, dans son poème commémoratif « La charge de la brigade légère », appelle ce lieu la « vallée de la Mort ». Ce que commémore la photo de Fenton, c'est l'absence, la mort sans les morts. C'est la seule de ses images à n'avoir pas besoin d'une mise en scène puisqu'elle ne montre qu'une route défoncée, parsemée de pierres et de boulets de canon, dont la courbe, traversant une plaine aride, va se perdre dans le lointain néant.

Un ensemble plus audacieux d'images révélant la mort et la ruine qui font suite à la bataille, où l'accent est mis non pas sur les pertes subies mais sur les effrayantes exactions du pouvoir militaire britannique, fut réalisé par un autre photographe qui avait été témoin de la guerre de Crimée. Felice Beato, Vénitien d'origine naturalisé anglais, fut le premier photographe à se rendre sur le terrain de plusieurs guerres : outre qu'il fut présent en Crimée en 1855, il assista à la révolte des cipayes (appelée « mutinerie indienne » par les Britanniques) en 1857-1858, puis à la deuxième guerre chinoise de l'opium en 1860, et aux guerres coloniales du Soudan en 1885. Trois ans après que Fenton eut pris ses images anodines d'une guerre dont l'Angleterre se portait mal, Beato célébrait l'implacable victoire de l'armée britannique lors du premier vrai défi lancé par l'Inde à l'administration de son pays : la mutinerie de soldats indigènes. Sa saisissante photographie du palais Sekoundra Bagh de Lucknow, détruit par les bombardements britanniques, donne à voir la cour jonchée des ossements des rebelles.

Le premier effort pour fournir d'une guerre un témoignage photographique d'une certaine ampleur fut accompli quelques années plus tard, durant la guerre de Sécession, par une équipe de photographes appartenant au studio new-yorkais de Mathew Brady, à qui l'on devait plusieurs portraits officiels du Président Lincoln. Les photographies de Brady – c'est à lui, en effet, qu'elles furent systématiquement attribuées même si la plupart furent prises par Alexander Gardner et Timothy O'Sullivan – traitaient de thèmes conventionnels tels que les campements peuplés d'officiers et de fantassins, la physionomie des villes en temps de guerre, l'artillerie, les navires – les images les plus illustres demeurant celles où l'on voit les cadavres des soldats de l'Union et de l'armée confédérée jonchant le sol défoncé de Gettysburg et d'Antietam. Bien que le privilège d'accéder au champ de bataille leur eût été accordé par Lincoln lui-même, Brady et son équipe n'étaient pas commandités de la même manière que Fenton. Leur statut avait pris une tournure plus américaine, la caution du gouvernement, qui était de pure

forme, cédant le pas à la force de motivation d'entre-
preneurs indépendants.

La première justification donnée à la brutale lisi-
bilité de ces images qui, en montrant des cadavres de
soldats, violaient clairement un tabou, était le simple
devoir d'enregistrement. On prête à Brady cette formule : « L'appareil est l'œil de l'histoire. » Et l'histoire, invoquée comme une vérité sans appel, faisait
cause commune avec le prestige grandissant dont
jouissait à l'époque certaine conception, dite « réa-
liste », de l'éclairage à donner aux sujets traités –
laquelle trouverait bientôt plus d'adeptes parmi les
romanciers que parmi les photographes[1]. Au nom du
réalisme, on avait le droit – le devoir – de montrer
des faits déplaisants, pénibles. Ces images communi-

---

1. Le réalisme débilitant des photographies de soldats étendus morts sur le champ de bataille trouve son expression litté-
raire dans *La Conquête du courage*, où tout est vu à travers la
conscience stupéfaite, terrifiée, d'un jeune homme qui aurait
pu être l'un de ces soldats. Œuvre visuellement poignante et à
une seule voix, ce roman antiguerre de Stephen Crane – publié
en 1895, trente ans après la fin de la guerre (Crane naquit en
1871) – est très éloigné, dans sa simplification émotionnelle,
de ce qu'à la même époque Walt Whitman décrit du « sanglant
ouvrage » de la guerre. Dans *Drum-Taps*, le cycle de poèmes
que publia Whitman en 1865 (et qu'il incorpora plus tard à
Feuilles d'herbe), de nombreuses voix sont sommées de se faire
entendre. Même si cette guerre, qu'il assimilait à une lutte fra-
tricide, ne suscitait en lui aucun enthousiasme, chagriné qu'il
était des souffrances endurées par les deux camps, Whitman ne
pouvait se faire sourd à l'épopée guerrière et à la musique
héroïque. L'oreille lui dicte un ton martial, mais qui conserve la
générosité, la complexité, la civilité propres au poète.

quaient aussi une « morale utile » en exhibant
« l'horreur et la réalité absolues de la guerre plutôt
que sa parade », écrivait Gardner pour accompagner
la photographie, par O'Sullivan, de confédérés tournant leur visage de souffrance vers le spectateur,
dans l'album où il rassembla, après la guerre, les
photos de l'équipe Brady (Gardner cessa de travailler
pour Brady en 1863). « Voici les détails de l'horreur !
Puissent-ils contribuer à ce qu'un tel fléau ne
s'abatte plus jamais sur la nation. » Mais si les
images les plus mémorables de cet album, *Gardner's
Photographic Sketch Book of the War*, publié en 1866,
sont empreintes de franchise, cela ne signifie pas
pour autant que Gardner et ses collègues ont photographié leurs sujets tels qu'ils les ont trouvés. Photographier, c'est composer (ou poser, s'agissant de
sujets vivants), et le désir d'agencer certains éléments
de l'image ne disparaît pas sous prétexte que le sujet
est immobilisé, ou immobile.

Il apparaît aujourd'hui que la plupart des images
canoniques de cette première veine de photographie
de guerre furent mises en scène ou truquées. C'était
là chose prévisible. Lorsque Fenton, dont la chambre
noire était tirée par des chevaux, déboucha dans
cette vallée, près de Sébastopol, que les obus avaient
détruite, il prit trois photos tout en conservant au
trépied la même position : dans la première version
de ce qui allait devenir l'illustre *Valley of the Shadow
of Death* (malgré le titre, ce n'est pas ce paysage-là
qui servit de cadre à la charge de la brigade légère),
la bordure gauche de la route est couverte de boulets
de canon, mais dans l'intervalle qui sépare cette

photo de la deuxième – celle qui est toujours reproduite –, Fenton a supervisé l'éparpillement des boulets sur la route elle-même. Image d'un site désolé
où la mort avait effectivement œuvré de façon massive, la photographie, par Beato, du palais Sekoundra Bagh, qui fut l'un des premiers documents
attestant l'horreur de la guerre, impliquait une réor-
ganisation plus radicale du sujet. L'attaque avait eu
lieu en novembre 1857, après quoi les troupes britanniques victorieuses avaient, avec l'aide des unités
indiennes demeurées loyales, fouillé chaque pièce du
palais, exécutant à la baïonnette les mille huit cents
cipayes qu'ils avaient capturés avant de jeter leurs
corps dans la cour ; les vautours et les chiens
s'étaient chargés du reste. Pour la photographie qu'il
prit en mars ou avril 1858, Beato aménagea la ruine
en un terrain mortuaire à ciel ouvert, postant
quelques indigènes près des deux piliers qui subsis-
taient à l'arrière et parsemant la cour d'ossements
humains.

Au moins étaient-ce là de vieux ossements. On
sait aujourd'hui que l'équipe Brady a réordonné et
déplacé certains des cadavres récents des soldats
tombés à Gettysburg : la photographie intitulée *The
Home of a Rebel Sharpshooter, Gettysburg* montre en
fait le corps d'un soldat confédéré, que l'on a trans-
porté depuis l'endroit où il a été abattu jusqu'à un
site plus photogénique : un vallon creusé par plusieurs grosses pierres le long d'une barricade de
rochers contre laquelle Gardner a posé un fusil de
circonstance (qui n'est pas, semble-t-il, le type
d'arme dont se serait servi un tireur d'élite, mais un

banal fusil de fantassin – détail que Gardner ignorait ou tenait pour négligeable). L'étrange n'est pas que tant d'icônes du passé, dont certaines des plus célèbres photographies de la Deuxième Guerre mondiale, aient fait l'objet d'une mise en scène. L'étrange est que nous soyons surpris de l'apprendre, et toujours déçus.

Les photographies qui nous laissent le plus déroutés devant la découverte de leur mise en scène sont celles qui semblent capter ces moments d'intensité intime que sont l'amour et la mort. L'intérêt de *Mort d'un milicien* tient à ce qu'elle saisit, de manière fortuite, un instant réel ; elle perd toute valeur dès lors que le soldat qui s'effondre se révèle être un acteur interprétant un rôle pour l'appareil de Capa. Robert Doisneau n'a jamais explicitement revendiqué le statut d'instantané pour sa photographie, parue dans *Life* en 1950, d'un jeune couple s'embrassant sur le trottoir près de l'Hôtel de Ville, à Paris. Reste que la révélation, quelque quarante ans plus tard, que l'image a été montée de toutes pièces, l'homme et la femme ayant été engagés par Doisneau pour la circonstance, a plus que chagriné ceux pour qui cette photographie représentait la vision chérie de l'amour et du Paris romantiques. Du photographe, nous attendons qu'il soit un espion dans la maison de l'amour et de la mort, et des sujets photographiés, qu'ils n'aient pas conscience de la présence de l'appareil, qu'ils soient « pris au dépourvu ». Aucune conception sophistiquée de ce qu'est ou peut être la photographie n'entamera jamais la satisfaction que procure l'image d'un événement inattendu saisi dans le feu de l'action par un photographe vigilant.

Si l'authenticité d'une photographie a pour seul critère la présence du photographe, obturateur ouvert, au bon moment, alors peu d'images de victoire peuvent prétendre à ce titre. Prenons, par exemple, l'action de planter un drapeau sur une hauteur dans le décours de la bataille. La célèbre photographie du drapeau américain hissé sur Iwo Jima le 23 février 1945 est en fait une « reconstitution », par un photographe de l'Associated Press, Joe Rosenthal, de la cérémonie du salut aux couleurs qui avait suivi la prise du mont Suribachi – cérémonie qui s'était déroulée plus tard ce jour-là et impliquait un drapeau plus grand. Quant à cette autre icône de la victoire : la photographie, prise le 2 mai 1945 par le photographe de guerre soviétique Yevgeny Khaldei, de soldats russes hissant le drapeau rouge sur le Reichstag tandis que l'incendie continue de ravager Berlin, la petite histoire veut que cet exploit soit une pure mise en scène. Plus compliqué est le cas d'une photographie prise à Londres, en 1940, pendant le Blitz : on ignore, en effet, le nom du photographe et donc les circonstances dans lesquelles elle a été faite. L'image montre, par-delà le mur effondré d'une bibliothèque entièrement dévastée et ouverte sur le ciel – celle de Holland House –, trois messieurs debout dans les décombres, à quelque distance les uns des autres, devant deux rangées d'étagères miraculeusement intactes. L'un regarde les livres ; un autre a le doigt posé sur la tranche du volume qu'il s'apprête à extraire des rayons ; le troisième est plongé dans la lecture de l'ouvrage qu'il tient entre les mains : un tableau aussi élégamment composé ne peut qu'être le résultat d'un vouloir. Il est plaisant d'imaginer que l'image n'est pas pure invention d'un photographe qui, rôdant à Kensington après un raid aérien et découvrant la bibliothèque du bel édifice jacobéen ouverte à tous les regards, y aurait introduit trois hommes pour leur faire tenir le rôle de lecteurs impassibles, mais que ces trois messieurs furent surpris en train de satisfaire leur appétit livresque, le photographe n'ayant guère fait plus que réarranger un peu l'espace entre eux pour que l'image soit plus incisive. Quoi qu'il en soit, cette photographie conserve le charme et l'authenticité de son temps en tant qu'elle célèbre l'idéal, aujourd'hui disparu, d'une force d'âme et d'un sang-froid proprement britanniques. Avec le temps, beaucoup d'images truquées retrouvent valeur de témoignage historique — impur, certes, comme la plupart des témoignages historiques.

Il fallut attendre la guerre du Vietnam pour que la certitude devienne quasi totale qu'aucune des photographies les plus connues n'avait fait l'objet d'un truquage. C'est là un facteur déterminant pour l'autorité morale que possèdent ces images. L'image type de l'horreur du Vietnam, prise en 1972 par Huynh Cong Ut, qui montre des enfants d'un village incendié au napalm dévalant la route en hurlant de douleur, appartient à cette catégorie de photographies dont on ne peut penser qu'elles sont des mises en scène. Et il en va de même de toutes les illustres images que nous ont livrées, depuis lors, les guerres les plus photographiées. Qu'on ait si rarement truqué les photographies de guerre depuis le Vietnam donne à penser que les photographes sont aujourd'hui tenus à une plus grande probité journalistique. Le phénomène s'explique peut-être par le fait qu'au Vietnam, la télévision est devenue le principal support des images de guerre et que l'intrépide photographe, opérant seul et secrètement la plupart du temps, Leica ou Nikon en main, a dû combattre et endurer la proximité des équipes de télévision : il est très rare aujourd'hui que le reportage de guerre soit une aventure solitaire. Sur le plan technique, les possibilités de maîtriser les images ou de les soumettre à des manipulations électroniques sont plus grandes que jamais – presque illimitées. Mais la pratique consistant à inventer et à mettre en scène des images décrivant une actualité spectaculaire semble en voie de devenir un art perdu.

4

Saisir la mort à l'instant même où elle œuvre et l'embaumer pour l'éternité : cela, seul l'appareil photographique peut le faire, et les images où le photographe a capté l'instant qui sonne (ou précède) l'heure de la mort comptent parmi les photographies de guerre les plus célèbres et les plus reproduites. Aucun soupçon ne peut peser sur l'authenticité de ce que montre la photographie, prise par Eddie Adams en février 1968, du brigadier général Nguyen Ngoc Loan, chef de la police nationale sud-vietnamienne, en train d'abattre un suspect vietcong dans une rue de Saigon. Il s'agit pourtant d'une mise en scène – orchestrée par le général Loan, qui avait conduit le prisonnier, mains ligotées dans le dos, jusqu'aux reporters massés dans la rue ; Loan n'aurait pas mené à bien cette exécution sommaire s'il n'y avait eu des journalistes pour y assister. Posté près de son prisonnier de manière à offrir son profil et le visage de l'homme à l'objectif des reporters placés derrière lui, Loan a tiré à bout portant. La photographie d'Adams saisit l'instant où la balle est partie ;

l'homme mort, grimaçant, ne s'est pas encore effondré. Quant au spectateur – cette spectatrice que je suis par-delà les années écoulées depuis que cette photo a été prise... –, qu'en dire, sinon qu'il est impossible de contempler longtemps ces visages sans pouvoir percer le mystère, l'indécence, d'une telle complicité ?

Plus dévastatrice est l'opportunité de regarder ceux qui se savent condamnés à mourir : la réserve secrète de six mille photographies prises entre 1975 et 1979 dans un ancien lycée, reconverti en prison, de Tuol Sleng, un faubourg de Phnom Penh, où furent mis à mort plus de quatorze mille Cambodgiens accusés d'être des « intellectuels » ou des « contre-révolutionnaires » – la documentation de cette atrocité nous étant gracieusement offerte par les archivistes des Khmers rouges, qui firent poser chacun des prisonniers juste avant de les exécuter[1].

Certaines de ces images ayant été rassemblées en un livre, *The Killing Fields*, il devient possible, des dizaines d'années plus tard, de rendre leur regard à ceux qui fixent l'objectif – autrement dit, qui nous fixent. Le milicien espagnol vient tout juste de mourir, si l'on en croit la légende accompagnant cette image, que Capa a prise à une certaine distance de

1. Photographier, juste avant de les exécuter, les prisonniers politiques et les contre-révolutionnaires présumés était aussi une pratique courante dans l'Union soviétique des années 1930 et 1940, comme l'a montré une enquête récemment menée dans les archives baltes et ukrainiennes des dossiers de la police secrète et dans les archives centrales de Lioubianka.

son sujet : nous ne voyons guère plus que le grain d'une silhouette, un corps et une tête, une énergie saisie par l'appareil au moment où il s'effondre. Mais ces Cambodgiens de tous âges, hommes, femmes, enfants, photographiés de très près, à mi-corps le plus souvent, ont pour toujours – comme dans *Le Supplice de Marsyas* de Titien, où le couteau d'Apollon n'en finit pas de descendre – le regard fixé sur la mort, l'imminence de leur meurtre, l'injustice qui leur est faite. Et le spectateur est dans la même position que le larbin qui tient l'appareil ; l'expérience donne la nausée. Le nom du photographe de la prison est connu – Nhem Ein – et peut être cité. Ceux sur lesquels il a posé son objectif, avec leurs visages frappés de stupeur, leurs torses squelettiques, leurs numéros épinglés en haut de leurs chemises, forment une masse à jamais indistincte : victimes anonymes.

Et quand bien même ils auraient un nom, sans doute resteraient-ils, pour « nous », des inconnus. Lorsque Woolf mentionne que le cadavre de la personne, sur l'une des photographies qu'elle a reçues, pourrait aussi bien être celui d'un cochon, elle souligne le fait que la portée meurtrière de la guerre détruit ce qui permet de reconnaître qu'une personne est un individu, et même un être humain. Telle est bien sûr l'apparence que prend la guerre pour qui la voit de loin, comme une image.

Victimes, parents en deuil, consommateurs d'actualité – chacun a, à l'égard de la guerre, une proximité ou une distance qui lui est propre. Les représentations les plus franches de la guerre et des corps meurtris par le désastre sont celles où le sujet photographié est un parfait étranger, quelqu'un que nous n'avons aucune chance de connaître. Face à un sujet qui nous est plus proche, le photographe est censé se faire plus discret.

Lorsque, en octobre 1862, un mois après la bataille d'Antietam, les photographies de Gardner et de O'Sullivan furent exposées à la galerie new-yorkaise de Mathew Brady, le *New York Times* publia le commentaire suivant :

La foule des vivants qui se presse à Broadway n'a sans doute que faire des morts d'Antietam, mais il est probable qu'elle se bousculerait avec moins d'insouciance sur la grande avenue, qu'elle prendrait moins ses aises pour flâner, si quelques corps dégouttant de sang, sortis tout droit de la bataille, venaient s'aligner sur le bord du trottoir. Les jupes se relèveraient et les pas se feraient très prudents...

D'acquiescer à l'éternelle accusation selon laquelle ceux que la guerre épargne demeurent cruellement indifférents aux souffrances hors de leur portée ne diminue pas l'ambivalence du reporter quant à l'immédiateté de la photographie :

Les morts du champ de bataille ne viennent que rarement jusqu'à nous, même dans les rêves. Nous en voyons la liste au petit déjeuner, dans le journal du matin, mais son souvenir se dissipe avec le café. M. Brady, pourtant, a fait quelque chose pour amener jusqu'à nous la terrible réalité et le sérieux de la guerre. S'il n'a pas déposé des corps dans nos cours et dans nos rues, il a fait quelque chose d'approchant [...]. Ces images sont d'une netteté terrible. À l'aide d'une loupe, on peut distinguer les traits mêmes des soldats tombés. On n'aimerait guère se trouver dans la galerie au moment où une femme, se penchant sur les photos, reconnaît, dans l'alignement morne, sans vie, des corps prêts à basculer dans les fosses béantes, un mari, un fils ou un frère.

L'admiration se mêle à la désapprobation, face à la douleur que ces images pourraient susciter chez les proches parentes des victimes. L'appareil convie le spectateur à la proximité, une proximité excessive ; que s'y ajoute la loupe – il y a ici deux lentilles –, et la « netteté terrible » des images dispense une information non nécessaire, indécente. Tout en récusant l'intolérable réalisme de l'image, le reporter du *Times* ne peut cependant pas résister au mélodrame que les seuls mots communiquent (« corps dégouttant de sang », « prêts à basculer dans les fosses béantes »).

À l'ère des caméras, la réalité fait l'objet de nouvelles sommations. La chose réelle peut n'être pas assez effrayante : il faut alors la rehausser, ou la mettre en scène de manière plus convaincante. Ainsi, la première actualité cinématographique qui rendit compte d'une bataille – celle, retentissante, de San Juan, qui eut lieu à Cuba pendant la guerre hispano-américaine de 1898 – montrait en fait une charge de cavalerie orchestrée après coup par le colonel Theodore Roosevelt et son armée de volontaires,

les Rough Riders, pour les cameramen de Vitagraph
– l'assaut de la colline, tel qu'il avait été filmé en
temps réel, ayant été jugé insuffisamment spectaculaire. À l'inverse, certaines images, trop horribles,
peuvent être supprimées au nom de la décence ou
du patriotisme – celles qui montrent nos morts, par
exemple, sans concéder à l'occultation partielle qui
est de mise. Après tout, exhiber les morts est le fait
de l'ennemi. Pendant la guerre des Boers (1899-
1902), après la victoire qu'ils remportèrent à Spion
Kop en janvier 1900, les Boers, estimant que le
moral de leurs troupes bénéficierait de la vision hor-
rifiante des corps des soldats britanniques, firent circuler une image à cet effet. Prise par un photographe
boer inconnu dix jours après la défaite de l'armée
britannique, qui perdit mille trois cents de ses soldats dans l'affaire, l'image plonge de façon intrusive
dans une longue tranchée peu profonde, remplie des
corps de ceux que l'on n'a pas ensevelis. Ce qui la
rend particulièrement agressive, c'est l'absence de
paysage. L'amas de corps qui va diminuant dans
l'enfilade occupe tout l'espace de la photographie.
Quoique exprimée avec componction, l'indignation
des Britanniques fut vive lorsqu'ils découvrirent cet
ultime affront des Boers : rendre ces images publiques,
déclara *Amateur Photographer*, « n'est d'aucune utilité
et en appelle exclusivement au penchant morbide de
la nature humaine ».

La censure, qui existait depuis toujours, demeura
longtemps incohérente puisque laissée au bon plaisir
des généraux et des chefs d'État. La première mesure
de censure organisée – l'interdiction faite à la presse

de photographier les mouvements sur le front – prit effet pendant la Première Guerre mondiale ; le haut commandement, tant allemand que français, n'admettait à proximité des combats qu'un nombre limité et choisi de photographes militaires. (La censure exercée sur la presse par l'état-major britannique était moins inflexible.) Et il fallut encore cinquante ans, et le relâchement de la censure qui accompagna les premiers reportages télévisés, pour qu'on comprenne quel impact des photographies choquantes pouvaient avoir sur le public des foyers. À l'ère du Vietnam, la photographie de guerre s'assigna la tâche de critiquer la guerre. Les conséquences étaient prévisibles : il n'appartient pas aux grands supports médiatiques d'incommoder les gens en dénonçant les conflits pour lesquels ils sont mobilisés, et moins encore de se faire l'instrument d'une propagande antiguerre.

Depuis cette époque, la censure – au sens le plus large, qui inclut aussi bien l'autocensure que la censure militaire – a trouvé nombre d'apologistes influents. Lorsque les Britanniques entamèrent leur campagne aux Malouines en avril 1982, le gouvernement de Margaret Thatcher n'accorda l'accès à l'événement qu'à deux reporters – Don McCullin, pourtant passé maître dans l'art de la photographie de guerre, faisait partie des refusés –, et seuls trois lots de film atteignirent Londres avant la reconquête des îles, au mois de mai. Aucune transmission télévisée directe ne fut autorisée. On n'avait pas connu de telles restrictions quant à la couverture d'une opération militaire britannique depuis la guerre de Crimée. S'agissant de leurs propres aventures à l'étranger, les autorités américaines eurent plus de difficulté à reproduire le modèle de contrôle thatchérien. Les images mises en avant par l'armée américaine lors de la guerre du Golfe en 1991 sont d'une technoguerre : vues d'un ciel portant encore les traces du passage des missiles et des obus, au-dessus des corps mourants – autant d'images qui illustraient l'absolue supériorité militaire de l'Amérique sur son ennemi. Les téléspectateurs américains ne furent pas autorisés à voir les images que NBC avait achetées (pour ensuite refuser de les diffuser), et qui montraient ce que cette même supériorité pouvait détruire : l'avenir de milliers de conscrits irakiens qui, après avoir fui Koweït à la fin de la guerre, le 27 février, reçurent un déluge de bombes en tous genres – explosifs, napalm, uranium appauvri, bombes à fragmentation – alors qu'ils progressaient vers le nord, à pied ou par convois, sur la route de Bassora, en Irak – un massacre pour lequel un officier américain eut cette célèbre formule : « Le combat était inégal. » Quant aux opérations conduites par les Américains en Afghanistan fin 2001, la plupart demeurèrent inaccessibles aux photographes de presse.

Les conditions autorisant, sur le front, la prise d'images à des fins non militaires se firent plus strictes à mesure que l'activité guerrière se dotait, pour traquer l'ennemi, de moyens optiques de plus en plus précis. Pas de guerre sans photographie, remarquait en 1930 le distingué esthète de la guerre Ernst Jünger, raffinant ainsi l'irrésistible association entre appareil photographique et fusil : le viseur s'en prend aussi bien à l'être humain qu'au sujet traité. Faire la guerre et prendre des photographies sont deux activités concomitantes : « C'est la même intelligence, dont les armes de destruction peuvent situer l'ennemi à la seconde et au mètre près », écrivait Jünger, « qui travaille à préserver dans ses moindres détails le grand événement historique[1] ».

Le mode de belligérance que l'on privilégie aujourd'hui, en Amérique, est une expansion de ce modèle. La télévision, qui voit son accès au terrain limité par les contrôles gouvernementaux et l'autocensure, nous sert la guerre sous forme de spectacle. La guerre elle-même s'opère, autant que faire se peut, à distance, la transmission instantanée de l'information et les techniques de visualisation permettant de choisir ses cibles depuis des continents éloignés : les opérations quotidiennes de bombardement auxquelles fut sou-

1. Ainsi, treize ans avant la destruction de Guernica, Arthur Harris, auquel allait être confié, pendant la Deuxième Guerre mondiale, le commandement de l'état-major de bombardement de la Royal Air Force, alors jeune chef d'escadron en Irak, décrivit la campagne menée par l'aviation pour écraser la rébellion des autochtones dans cette colonie anglaise nouvellement acquise ; son témoignage s'accompagne de documents photographiques attestant le succès de sa mission. « L'Arabe comme le Kurde », écrivait-il en 1924, « savent désormais ce qu'implique, en pertes humaines et dommages matériels, un vrai bombardement ; ils savent qu'en l'espace de quarante-cinq minutes un village entier (*cf.* les photos jointes de Kushan-Al-Ajaza) peut être pratiquement rayé de la carte et perdre un tiers de ses habitants, qui meurent tués par quatre ou cinq machines n'offrant aucune cible réelle, aucune perspective de gloire aux combattants, aucun moyen tangible de fuir ».

mis l'Afghanistan pendant l'hiver 2001-2002 étaient dirigées depuis le commandement central américain de Tampa, en Floride. Le but est d'infliger à l'ennemi le plus grand nombre de pertes à valeur punitive tout en minimisant les occasions qu'il a lui-même de tuer qui que ce soit ; les soldats américains et alliés qui meurent dans des accidents de véhicules ou dans des « tirs amis » (comme le veut l'euphémisme) comptent sans compter.

En cette ère où l'on télécontrôle la guerre faite aux innombrables ennemis de la puissance américaine, les politiques relatives à ce que le public doit voir et ne pas voir sont encore en cours d'élaboration. Chaque jour, les producteurs de journaux télévisés tout comme les rédacteurs en chef des journaux et les responsables de rubrique des magazines photographiques prennent des décisions qui raffermissent un consensus parfois vacillant quant aux limites du savoir public. Ces décisions prennent souvent la forme de jugements sur le « bon goût » – lequel est toujours un critère répressif dès lors que les institutions s'en réclament. Rester dans les limites du bon goût : tel fut le motif invoqué pour justifier qu'on ne montre aucune des effrayantes photographies qui avaient été prises des morts du World Trade Center juste après le 11 septembre. (En général, les tabloïds ont moins de scrupules que les journaux de qualité à publier des images macabres : peu après l'attentat, le journal new-yorkais *Daily News* fit paraître, dans l'une de ses éditions de la nuit, la photographie d'une main gisant dans les décombres du World Trade Center ; cette photographie n'a, semble-t-il, été publiée dans aucun autre journal.) Quant aux journaux télévisés qui, disposant d'un public beaucoup plus large, subissent plus fortement les pressions des annonceurs, ils sont régis par des contraintes encore plus strictes – autoréglementées le plus souvent – quant à ce qu'il est « séant » de rendre public. On peut s'étonner d'une telle insistance sur le bon goût dans une culture saturée d'exhortations commerciales tendant à rabaisser les critères du goût. Mais cette insistance devient cohérente dès lors qu'on perçoit sa fonction : masquer une série innommable de questions et d'inquiétudes relatives à l'ordre public et au moral des gens tout en soulignant l'incapacité à formuler ou à défendre autrement le mode de déploration traditionnellement attesté. Ce qu'on peut montrer, ce qu'on ne doit pas montrer : peu de questions excitent autant la clameur publique.

L'autre argument fréquemment invoqué pour supprimer certaines images fait état du droit des familles. Lorsqu'un hebdomadaire bostonien fit brièvement circuler sur la toile une vidéo de propagande tournée au Pakistan montrant l'« aveu » (selon lequel il était juif) du journaliste américain Daniel Pearl, puis son massacre rituel, début 2002 à Karachi, un débat véhément s'engagea où l'on opposa le droit de la veuve Pearl de se voir épargner plus de douleur au droit du journal d'imprimer et de faire circuler les images qu'il estimait bonnes à montrer et au droit du public de les voir. La vidéo fut rapidement retirée de la circulation. Chose intéressante, les deux parties traitaient ces trois minutes et demi d'horreur comme un simple film porno sadique. Personne n'aurait pu inférer du débat que la vidéo comportait un montage d'images accusatrices (montrant, par exemple, Ariel Sharon assis auprès de George Bush à la Maison Blanche, ou des enfants palestiniens tués dans des attentats israéliens), que c'était là une diatribe politique se clôturant par de sinistres menaces et une liste d'exigences précises – autant d'éléments qui auraient pu suggérer qu'il valait la peine (pourvu qu'on en soit capable) de supporter ces images pour mieux comprendre la perversité et l'intransigeance des forces qui avaient assassiné Pearl. Il est plus facile de voir l'ennemi comme un simple sauvage qui tue puis brandit la tête de sa proie aux regards de tous.

S'agissant de nos morts, le spectacle d'un visage nu a toujours été frappé d'un interdit puissant. Si les photographies prises par Gardner et O'Sullivan pendant la guerre de Sécession continuent de choquer, c'est parce que les visages de certains des soldats gisant sur le dos sont clairement visibles. De nombreuses guerres eurent lieu avant que les soldats américains morts au champ de bataille ne redeviennent visibles dans une publication d'importance ; il fallut attendre, en fait, la levée du tabou due à George Strock, dont une photographie, publiée dans *Life* en septembre 1943 (mais initialement censurée par les autorités militaires), montre trois soldats tués sur une plage pendant un débarquement en Nouvelle-Guinée. (Bien qu'on persiste à décrire *Dead GIs on Buna Beach* comme la photographie de trois soldats étendus face contre terre dans le sable humide, l'un des trois gît sur le dos, mais l'angle depuis lequel la photo a été prise masque sa tête.) Dans l'intervalle qui sépare cette époque du débarquement des troupes alliées en France, le 6 juin 1944, nombre de magazines publièrent des photographies de soldats américains anonymes, toujours présentés étendus face contre terre, ou bien couverts d'un linceul, ou encore le visage détourné. Une dignité que l'on n'estime pas nécessaire d'accorder aux autres.

Plus l'endroit est éloigné ou exotique, plus il nous est loisible de regarder les morts et les mourants en face. Dans la conscience des spectateurs du monde riche, l'Afrique postcoloniale existe avant tout – en dehors de sa musique sexy – comme une succession de photos inoubliables exhibant des victimes aux yeux immenses : la série débute, à la fin des années 1960, avec les silhouettes émaciées des Biafrais dans leur terre de famine et se poursuit avec le génocide de près d'un million de Tutsis rwandais en 1994, suivi, quelques années plus tard, des mutilations infligées tant aux enfants qu'aux adultes lors du programme de terreur massive dirigé par les forces rebelles – ou Front révolutionnaire uni – en Sierra Leone. (Plus récemment sont apparues les photographies de familles entières de villageois indigents mourant du sida.) Ces images portent un double message. D'une part, elles montrent une souffrance scandaleuse, injuste, pour laquelle il faut offrir réparation. D'autre part, elles viennent confirmer le fait que c'est le genre de chose qui arrive là-bas. L'omniprésence de ces photographies, et de ces horreurs, ne peut empêcher d'alimenter la croyance selon laquelle, en ces parties obscures ou arriérées

– c'est-à-dire pauvres – du monde, la tragédie est inéluctable.

L'Europe de jadis connut aussi des cruautés et des malheurs comparables ; il y a seulement soixante ans, elle fut le théâtre de cruautés dont l'ampleur et l'horreur excèdent tout ce qu'on pourrait nous montrer aujourd'hui de ces parties pauvres du monde. Mais l'horreur semble avoir déserté l'Europe, et l'avoir désertée depuis assez longtemps pour que l'état pacifié des choses, qui caractérise l'époque présente, paraisse aller de soi. (Qu'il ait pu y avoir, sur le sol européen, cinquante ans après la fin de la Deuxième Guerre mondiale, des camps de la mort, un état de siège, des civils massacrés par milliers et jetés dans des fosses publiques a auréolé la guerre en Bosnie et la campagne meurtrière des Serbes au Kosovo d'un intérêt particulier, anachronique. Mais l'un des grands discours tenus pour expliquer les crimes commis en Europe du Sud-Est dans les années 1990 a été que les Balkans, après tout, n'avaient jamais véritablement fait partie de l'Europe.) En général, c'est d'Asie ou d'Afrique que proviennent les corps grièvement blessés des photographies de magazines. Cette pratique journalistique est l'héritage d'une tradition vieille de plusieurs siècles : celle de présenter des êtres humains exotiques – c'est-à-dire colonisés. Entre le XVIe siècle et le début du XXe siècle, les Africains et les habitants de lointaines contrées asiatiques furent exhibés tels les animaux d'un zoo à l'occasion d'expositions ethnologiques montées à Londres, à Paris, et dans d'autres capitales européennes. Dans *La Tempête*, la première pensée qui vient à l'esprit de Trinculo lorsqu'il rencontre Caliban est qu'il aurait sa place dans une foire anglaise : « Il n'y aurait pas de badaud de la foire qui ne donnât sa pièce d'argent [...]. Ces gens-là ne donneraient pas un denier pour secourir un mendiant boiteux, et ils en donneraient dix pour voir un Indien mort. » L'exhibition photographique des cruautés infligées aux autochtones basanés des pays exotiques perpétue cette offre, aveugle aux considérations qui interdisent l'étalage de la violence faite à nos propres victimes ; car l'autre, même lorsqu'il n'est pas un ennemi, est toujours perçu comme quelqu'un à voir, et non comme quelqu'un qui (à notre exemple) voit aussi. Pourtant, le soldat taliban blessé implorant pour sa vie, dont la photographie a trôné en bonne place dans le *New York Times*, avait sûrement, lui aussi, une femme, des enfants, des parents, des sœurs et des frères ; certains d'entre eux verront peut-être un jour les trois images en couleurs du massacre de ce mari, ce père, ce fils ou ce frère — s'ils ne les ont déjà vues.

5

Au cœur des grandes espérances de la modernité, au cœur du sentiment éthique qu'elle nourrit, est la conviction que la guerre est une aberration – certes, irrépressible. Que la norme est la paix – certes, inaccessible. Tel n'est pas, bien sûr, le regard que l'on a porté sur la guerre dans l'histoire. La norme a toujours été la guerre, la paix n'étant que l'exception.

La description de la manière exacte dont le combat meurtrit et tue les corps constitue l'un des points forts et répétés des récits contenus dans l'*Iliade*. La guerre est perçue comme une pratique invétérée des hommes que ne décourage pas l'accumulation des souffrances infligées ; et traduire la guerre en mots ou en images exige un détachement résolu, sans faille. Léonard de Vinci, transmettant ses instructions pour la composition d'un tableau de bataille, somme les artistes d'avoir le courage et l'imagination de montrer la guerre dans toute son épouvante :

Faites les soumis et les vaincus pâles, les sourcils levés et froncés, et la peau du front plissée de douleur [...], la mâchoire béante comme s'ils poussaient des cris de lamentation [...]. Faites les morts partiellement ou entièrement couverts de poussière [...] et montrez le sang, d'une couleur bien visible, qui s'écoule en un flot sinueux depuis le cadavre jusqu'à la poussière. Montrez les agonisants grinçant des dents, roulant leurs yeux, les poings serrés contre leur corps et les jambes tordues.

L'inquiétude est que les images, au final, ne soient pas assez bouleversantes : pas assez concrètes, ni détaillées. La pitié peut induire un jugement d'ordre moral si, comme l'affirme Aristote, la pitié signifie l'émotion que seuls nous inspirent ceux dont l'infortune est imméritée. Mais la pitié, loin d'être l'alliée naturelle de la peur dans le drame du malheur extrême, est un sentiment que la peur dilue – dont elle détourne – cependant que la peur (l'épouvante, la terreur) parvient le plus souvent à submerger la pitié. Léonard de Vinci invite le regard de l'artiste à être, littéralement, sans pitié. L'image doit susciter l'effroi, et cette *terribilità* recèle une certaine beauté provocante.

Qu'un paysage de bataille sanglant puisse être beau – selon ces registres particuliers du beau que sont le sublime, le terrifiant ou le tragique – est un lieu commun s'agissant des images de la guerre peintes par les artistes. Mais appliquée à l'image photographique, l'idée passe mal : trouver de la beauté aux photographies de guerre semble être l'indice d'un cœur sec. Pourtant, le paysage de la dévastation reste un paysage. Il y a de la beauté dans les ruines.

Reconnaître la beauté des photographies montrant les ruines du World Trade Center dans les mois qui suivirent l'attentat était jugé frivole, sacrilège. Les gens se risquaient tout au plus à dire que les images étaient « surréelles », euphémisme fiévreux derrière lequel la notion de beauté, tombée en disgrâce, se ratatinait. Pourtant, bon nombre de ces photographies étaient effectivement belles – notamment celles de certains vieux routiers de la photographie tels que Gilles Peress, Susan Meiselas ou Joel Meyerowitz. Le site lui-même, cette immense fosse commune que l'on a appelée *Ground Zero*, était bien sûr tout sauf beau. La photographie dispose du pouvoir de transformer les choses, quel que soit son sujet ; en tant qu'image, quelque chose peut être beau – ou terrifiant, ou insupportable, ou encore très supportable –, ce qu'il n'est pas dans la vie réelle.

Transformer est l'apanage de l'art, mais la photographie qui documente le calamiteux ou le répréhensible encourt les foudres de la critique si elle apparaît comme « esthétique », c'est-à-dire si elle se rapproche trop de l'art. Le double pouvoir de la photographie – produire des documents et créer des œuvres d'art visuelles – a généré quelques exagérations notables quant à ce qu'un photographe doit, ou ne doit pas, faire. Depuis peu, l'exagération la plus commune consiste à opposer l'une à l'autre les deux facettes de ce pouvoir. Les photographies qui décrivent la souffrance n'ont pas à être belles, de même que les légendes n'ont pas à faire la morale. Selon ce point de vue, la beauté d'une photographie détourne l'attention de la réalité du sujet pour la porter sur le support lui-même, compromettant ainsi le statut de document de l'image. La photographie émet un double message. « Arrêtez ça ! » somme-t-elle. Mais elle proclame aussi : « Quel spectacle ! »[1]

Prenons l'une des images les plus poignantes de la Première Guerre mondiale : une file de soldats anglais rendus aveugles par les gaz de combat – chacun prend appui sur l'épaule gauche du camarade qui le précède – et dirigeant péniblement ses pas jusqu'au poste de secours. Cela pourrait être une image extraite d'un des films violemment critiques de la guerre – *La Grande Parade* (1925) de King Vidor, *Quatre de l'infanterie* de G.W. Past, *À l'ouest rien de nouveau* de Lewis Milestone, ou *La Patrouille de l'aube* de Howard Hawks (tous trois de 1930). Que la photographie de guerre apparaisse, rétroactivement, comme l'écho autant que la source d'inspiration des scènes de bataille reconstituées dans les grands films de guerre induit aujourd'hui un effet

1. Les photographies de Bergen-Belsen, de Buchenwald et de Dachau prises en avril et mai 1945 par des témoins anonymes et des photographes de l'armée semblent plus pertinentes que les images, apparemment « meilleures », de ces deux professionnelles renommées que sont Margaret Bourke-White et Lee Miller. Mais critiquer l'aspect professionnel de la photographie de guerre n'est pas une posture récente. Walker Evans, par exemple, détestait le travail de Bourke-White. Il est vrai qu'Evans, qui a réuni ses photos de paysans américains pauvres dans un livre portant le titre hautement ironique de *Let Us Now Praise Famous Men*, n'aurait jamais photographié une quelconque célébrité.

négatif sur l'entreprise du photographe. La recréa-
tion tant acclamée du débarquement d'Ohama
Beach dans *Il faut sauver le soldat Ryan* (1998) de
Steven Spielberg était marquée du sceau de l'authenticité parce qu'elle se fondait, entre autres sources,
sur les photographies dues à l'immense courage de
Robert Capa. Mais une photographie de guerre
paraît inauthentique, quand bien même elle n'a fait
l'objet d'aucune mise en scène, lorsqu'elle ressemble
à un plan fixe tiré d'un film. Photographe spécialisé
dans la misère du monde (mais ne limitant pas son
travail aux seuls effets de la guerre), Sebastião Salgado constitue la principale cible de la nouvelle
campagne contre l'inauthenticité du beau. Prévu
pour couvrir une période de sept annnées, son projet
intitulé *Migrations : Humanity in Transition*, notamment, lui vaut le reproche récurrent selon lequel ses
grandes photographies spectaculaires, magnifique-
ment composées, sont « filmiques ».

La rhétorique moralisatrice dont se parent les
expositions et les livres de Salgado – elle a l'accent
des bons sentiments prônés par Edward Steichen
dans son exposition de 1955, *The Family of Man* –
œuvre au détriment des images, aussi injuste que la
chose puisse paraître. (On pourrait trouver – quitte
à les négliger – bien des sornettes dans les propos
tenus par quelques-uns des plus admirables photographes engagés.) Si les photographies de Salgado
suscitent l'aigreur, c'est aussi en réaction au contexte
commercial qui accompagne traditionnellement la
présentation de ces portraits de la misère. Mais le
fond du problème concerne les photographies elles-

mêmes, et non les circonstances ou le lieu de leur exposition : il est dans l'intérêt exclusif de ces images pour les impuissants, réduits à leur impuissance. Chose significative, les légendes ne mentionnent pas les noms des impuissants. Un portrait qui refuse de nommer son sujet se fait complice, même par inadvertance, du culte de la célébrité qui alimente l'appétit insatiable du public pour l'autre forme, adverse, de photographie : en ne concédant de nom qu'aux plus illustres, on ravale les autres au simple rang de représentants de leur profession, de leur ethnicité, de leur triste état. Prises dans trente-neuf pays, les photographies de Salgado regroupent, sous le même intitulé de *Migrations*, quantité de causes et de types de détresse. Élargir le spectre de la souffrance, en la globalisant, peut induire, chez le public, le sentiment qu'il doit être plus impliqué. Mais cela l'invite aussi à penser que les souffrances et les malheurs sont trop vastes, trop irrévocables, trop épiques pour qu'une intervention politique locale puisse transformer la situation de manière décisive. Avec un thème de cette ampleur, la compassion ne peut qu'être hésitante – et tirer les choses vers l'abstrait. Mais la politique est, comme l'histoire, d'un bout à l'autre concrète. (Assurément, il n'est personne qui, réfléchissant vraiment à l'histoire, puisse prendre la politique au sérieux.)

On pensait jadis, à l'époque où les images franches n'étaient pas courantes, qu'en montrant ce qui nécessitait d'être vu, en rendant plus proche une réalité douloureuse, on incitait le spectateur à plus de sentiment. Dans un monde où la photographie met tout son éclat au service des manipulations consuméristes, on ne peut jamais tenir pour acquis l'effet produit par la vision d'une scène douloureuse. Il en résulte que les photographes et les idéologues sensibles aux questions morales s'inquiètent de plus en plus de la possible exploitation des sentiments (pitié, compassion, indignation) dans la photographie de guerre, et des automatismes mis en œuvre pour provoquer l'émotion.

Le photographe-témoin peut estimer plus décent, sur le plan moral, de donner au spectaculaire l'apparence du non-spectaculaire. Mais le spectaculaire est un ingrédient majeur des récits religieux qui ont permis, dans la plupart des expressions de l'histoire occidentale, de comprendre la souffrance. Sentir les pulsations de l'iconographie chrétienne dans certaines photographies de la guerre ou du désastre ne relève pas d'une projection sentimentale. On aurait peine à ne pas discerner les contours de la Pietà dans la photographie, par W. Eugene Smith, d'une femme de Minamata berçant dans ses bras une enfant difforme, sourde et aveugle ; ou le modèle de la Descente de Croix dans plusieurs des portraits réalisés par Don McCullin de soldats américains mourants au Vietnam. Il est probable, cependant, que ces perceptions – qui confèrent à la photographie une aura et une beauté supplémentaires – soient en passe aujourd'hui de n'être plus reconnues. L'historienne allemande Barbara Duden raconte que, quand elle a donné un cours sur les représentations du corps dans une grande université d'État américaine il y a quelques années, aucun des vingt étudiants que comptait la classe n'a pu identifier le thème des diverses représentations canoniques de la Flagellation qu'elle présentait sous forme de diapositives. (Un seul s'est risqué à ce commentaire : « À mon avis, c'est un tableau religieux. ») L'unique image canonique de Jésus qu'elle pouvait espérer voir reconnaître de la plupart des étudiants était la Crucifixion.

Les photographies objectivent : elles transforment un événement ou une personne en un objet que l'on peut posséder. Et la photographie est une sous-espèce de l'alchimie, quand bien même elle passe pour un reflet transparent de la réalité.

Quelque chose a souvent plus « belle » allure, ou est perçu comme tel, sur une photographie. C'est, en effet, l'une des fonctions de la photographie que d'améliorer l'apparence normale des choses. (D'où le fait qu'on soit toujours déçu par une photographie qui n'est pas flatteuse.) L'embellissement constitue une opération classique de l'appareil photographique et tend à supprimer tout réflexe moral face à ce qui est montré. L'enlaidissement, l'acte de montrer quelque chose sous sa pire apparence, est une fonction plus moderne : didactique, elle sollicite une réaction active. Pour qu'une photographie accuse, et soit susceptible de modifier les comportements, il faut qu'elle choque.

Un exemple : il y a quelques années, les autorités de santé publique du Canada, où l'on estime à quarante-cinq mille le nombre de gens mourant chaque année des méfaits du tabac, décidèrent d'ajouter une photographie choquante à l'avertissement qui accompagne chaque paquet de cigarettes – l'on y verrait des poumons ravagés par le cancer, un cerveau après une rupture d'anévrisme, ou encore un cœur endommagé, une bouche sanglante en détresse parodontale. Une recherche avait été menée, selon laquelle si l'on assortissait l'avertissement sur les effets délétères du tabac d'une image de ce genre, on multiplierait par soixante les chances de convaincre les fumeurs d'abandonner la cigarette.

Admettons. Mais la question que l'on peut se poser est la suivante : Pour combien de temps ? Y a-t-il une limite temporelle au choc ? Aujourd'hui les fumeurs canadiens ont une réaction de dégoût lorsqu'ils regardent ces images. Mais dans cinq ans, ceux qui persistent à fumer seront-ils toujours choqués ? Le choc peut devenir familier. Il peut s'user. Et même s'il ne s'use pas, il est toujours possible de ne *pas* regarder. Les gens ont les moyens de se défendre contre ce qui les bouleverse – ici, une information déplaisante pour ceux qui souhaitent continuer à fumer. Cela paraît normal – ce qui veut dire qu'on peut s'y adapter. De même qu'on peut s'habituer à l'horreur dans la vie réelle, on peut s'habituer à l'horreur de certaines images.

Il y a des cas, pourtant, où être confronté de façon répétée à ce qui choque, attriste, effraie n'épuise pas l'élan du cœur. L'accoutumance n'est pas automatique, car les images (portables, insérables) n'obéissent pas aux mêmes règles que la vie réelle. Les représentations de la Crucifixion ne deviennent jamais banales pour les croyants qui ont vraiment la foi. La chose est encore plus vraie s'agissant des représentations au théâtre. Le spectacle du *Chushingura*, qui est sans doute le drame le plus connu de toute la culture japonaise, a toutes les chances de faire sangloter un public japonais dans la scène où le seigneur Asano, s'acheminant vers l'endroit de son suicide par *seppuku*, admire la beauté des cerisiers en fleur – et les sanglots se répètent à chaque représentation, indépendamment du nombre de fois où le public a pu voir le spectacle (au Kabuki, au Bunraku ou dans une version cinématographique) ; la trahison et le meurtre de l'imam Hussayn, dans le drame du *ta'ziyah*, n'en finit pas de tirer des larmes au public iranien, indépendamment du nombre de fois où le martyre s'est répété. Au contraire. Les gens pleurent, en partie, parce que le spectacle leur est familier. Les gens veulent pleurer. Lorsqu'il se fait récit, le pathos ne s'use pas.

Mais les gens veulent-ils être horrifiés ? Probablement pas. Il existe pourtant des images dont le pouvoir ne diminue pas, en partie parce qu'il est impossible de les regarder souvent. Les images de visages détruits témoigneront toujours du prix à payer pour survivre à une immense injustice : ceux, horriblement défigurés, des combattants de la Première Guerre mondiale qui survécurent à l'enfer des tranchées ; ceux, dissous et profondément couturés, des rescapés du bombardement atomique orchestré par les Américains à Hiroshima et à Nagasaki ; ceux, fendus à la machette, des Tutsis qui survécurent au génocide massif organisé par les Hutus au Rwanda – est-il exact de dire qu'à cela, les gens *s'habituent*?

De fait, la notion même d'atrocité, de crime de guerre, va de pair avec l'attente que la photographie fournisse des preuves. Ces preuves sont, en général, de type posthume : ce sont les restes, pour ainsi dire – les monticules de crânes du Cambodge de Pol Pot, les fosses communes du Guatemala et du Salvador, de la Bosnie et du Kosovo. Et cette réalité posthume constitue souvent la plus ferme des sommations. Comme l'a souligné Hannah Arendt peu après la fin de la Deuxième Guerre mondiale, toutes les photographies et toutes les actualités cinématographiques qui montrent les camps de concentration sont trompeuses parce qu'elles témoignent de l'aspect qu'avaient les camps à l'arrivée des troupes alliées. Ce qui rend les images insoutenables – les piles de cadavres, les rescapés au corps squelettique – n'est en rien représentatif de la pratique ordinaire des camps qui, lorsqu'ils fonctionnaient, exterminaient systématiquement leurs prisonniers (en les expédiant dans la chambre à gaz, et non en les laissant mourir de faim ou de maladie) puis les passaient immédiatement au four crématoire. Et puisque les photographies se font écho entre elles, il était inévitable que les corps émaciés des prisonniers bosniaques d'Omarska, le camp de la mort construit par les Serbes en Bosnie septentrionale en 1992, ravivent le souvenir des photographies prises dans les camps nazis en 1945.

Les photographies de l'atrocité illustrent autant qu'elles corroborent. Contournant les querelles quant au nombre exact des tués (qu'on surestime souvent, dans un premier temps), la photographie donne la mesure indélébile des choses. Dans sa fonction illustrative, elle laisse intouchés les opinions, les préjugés, les fantasmes, les informations trompeuses. L'information selon laquelle le nombre de Palestiniens tués dans l'attaque contre le camp de Djénine était bien inférieur à ce que prétendaient les autorités palestiniennes (chose que les Israéliens ont toujours dite) eut beaucoup moins d'impact que les photographies montrant le camp de réfugiés rasé en son centre. Quant aux atrocités dont la vision n'a pas été solidement implantée dans nos esprits par des clichés célèbres, ou celles pour lesquelles, tout simplement, les images sont rares, elles paraissent évidemment plus lointaines : l'extermination des Hereros en Namibie, décrétée par l'administration coloniale allemande en 1904 ; la mise à feu et à sang de la Chine par les Japonais, notamment le massacre d'environ quatre cent mille Chinois et le viol qu'eurent à subir quatre-vingt mille Chinoises en décembre 1937 – événements que l'on a désignés sous le nom de « viol de Nankin » ; le viol de quelque cent trente mille femmes et adolescentes (suivi du suicide de dix mille d'entre elles) par l'armée soviétique victorieuse que ses dirigeants avait encouragée à Berlin, en 1945. Ce sont là des souvenirs qui ne trouvent guère preneurs.

La familiarité de certaines photographies structure notre sentiment du présent et du passé immédiat. Les photographies prescrivent des itinéraires de référence et servent de totems aux causes : le sentiment se cristallise plus volontiers autour d'une photographie qu'autour d'un slogan verbal. De même, les photographies favorisent l'édification – et la révision – de notre sentiment du passé plus lointain, de par les chocs posthumes qu'engendre la circulation d'images jusqu'alors inconnues de nous. Les photographies que chacun reconnaît sont aujourd'hui un élément constitutif du choix des sociétés quant à ce qu'elles soumettent, ou déclarent soumettre, à leur réflexion. Les sociétés nomment ces objets de réflexion « souvenirs », ce qui est, à long terme, une fiction. Il n'y a pas, au sens strict, de mémoire collective – notion qui appartient à la même famille fallacieuse que celle de culpabilité collective. Ce qui existe, en revanche, c'est l'instruction collective.

Toute mémoire est individuelle et ne peut se reproduire – elle meurt avec chaque individu. Ce qu'on appelle mémoire collective n'est pas le travail du souvenir, mais une stipulation : voilà ce qui compte, voilà comment l'histoire s'est déroulée, et les images sont là pour inscrire l'histoire dans nos têtes. Les idéologies créent des archives visuelles qui ont valeur d'exemple, des images représentatives qui condensent les significations couramment en usage et induisent des pensées, des sentiments, prévisibles. Les photographies qui ont déjà des allures de poster – le champignon atomique d'un essai nucléaire, Martin Luther King s'adressant à la foule du Lincoln Memorial à Washington, l'astronaute marchant sur la Lune – sont les équivalents visuels des petites phrases habilement lâchées par les politiques. Elles commémorent, de façon aussi brutale que les timbres-poste, les Grands Moments Historiques ; d'ailleurs les plus triomphalistes (hormis la représentation de la bombe atomique) deviennent des timbres-poste. Fort heureusement, il n'existe pas une photographie type des camps de concentration nazis.

De même qu'un siècle de modernisme a permis de redéfinir l'art comme tout ce qui a vocation à être sauvegardé dans un quelconque musée, c'est aujourd'hui le destin de bien des trésors photographiques que d'être exposés et préservés dans des institutions de type muséal. De toutes les archives de l'horreur, ce sont les photographies de génocide qui connaissent le plus grand développement institutionnel. L'idée qui sous-tend la création de sanctuaires abritant ces archives et diverses autres reliques est de s'assurer que les crimes dépeints continueront à exister dans la conscience du public. On appelle cela préserver la mémoire, mais cela va bien au-delà.

L'actuelle prolifération des musées voués à la mémoire résulte d'une manière de penser, et de pleurer, la destruction de la judaïté européenne dans les années 1930 et 1940 qui s'est concrétisée, sur le plan institutionnel, par la création du Yad Vashem à Jérusalem, l'érection du Holocaust Memorial Museum à Washington et la création du Musée juif à Berlin. Les photographies et autres *memorabilia* de la Shoah font désormais l'objet d'une mise en circulation constante visant à garantir la pérennisation, dans les mémoires, des choses décrites. Les photographies qui témoignent des souffrances et du martyre d'un peuple sont plus que de simples rappels de la mort, de l'échec, de la victimisation. Elles invoquent le miracle de la survie. Chercher à perpétuer le souvenir implique, inévitablement, qu'on se voue à la tâche de renouveler les souvenirs, de les créer – en quoi on est aidé par l'empreinte des photographies iconiques. Les gens souhaitent pouvoir rendre visite à leurs souvenirs – et les rafraîchir. De nombreux peuples martyrisés veulent aujourd'hui un musée de la mémoire, un temple qui accueille le récit détaillé, chronologique et illustré de leurs souffrances. Les Arméniens, par exemple, réclament depuis longtemps un musée à Washington, qui institutionnaliserait la mémoire du génocide que leur ont infligé les Ottomans. Mais pourquoi n'y a-t-il pas déjà, dans notre capitale fédérale – laquelle se trouve être peuplée majoritairement d'Afro-Américains –, un musée de l'histoire de l'esclavage ? Il n'y a aucun musée de ce genre aux États-Unis – un musée, s'entend, qui détaillerait toute l'histoire, depuis le commerce des esclaves en Afrique. C'est là, semble-t-il, une mémoire que l'on ne peut activer ou créer sans mettre l'ordre social en péril. Dans la mesure où le Holocaust Memorial Museum et le futur Armenian Genocide Museum and Memorial concernent des événements qui ne se sont pas déroulés en Amérique, le travail de la mémoire ne risque pas d'entraîner la mise en question de l'autorité par une population domestique aigrie. Créer un musée qui rendrait compte du grand crime que fut l'esclavage des Africains aux États-Unis serait admettre que le mal était chez nous. Les Américains préfèrent décrire le mal infligé ailleurs, un mal dont les États-Unis – nation unique, qui n'a jamais produit de dirigeant dont la perversité fût officiellement

DEVANT LA DOULEUR DES AUTRES

attestée – sont exempts. Que ce pays, comme tous les autres, ait sa part de passé tragique ne fait pas bon ménage avec le principe qui le fonde, dont la toute-puissance reste intacte : la foi dans les États-Unis comme pays d'exception. Le consensus national qui fait de l'histoire américaine une histoire de progrès définit un cadre inédit pour les photographies de la misère – un cadre qui nous incite à porter notre attention sur les blessures subies, ici et ailleurs, que l'Amérique s'estime apte à guérir ou à panser.

Même à l'ère des cybermodèles, l'esprit est encore perçu comme l'espace intérieur qu'imaginaient les Anciens : une sorte de théâtre au sein duquel nous installons nos images, ces images grâce auxquelles le souvenir devient possible. Le problème n'est pas qu'on se souvient grâce aux photographies, mais qu'on ne se souvient que des photographies. Cette forme de remémoration par la photographie éclipse les autres formes de compréhension, et de remémoration. Les camps de concentration – par quoi il faut entendre les photographies prises en 1945, à la libération des camps – sont la principale chose que les gens associent au nazisme et aux misères de la Deuxième Guerre mondiale. Les morts hideuses (par génocide, famine, épidémie) sont la principale chose que les gens retiennent de tous les échecs et injustices qu'a subis l'Afrique postcoloniale.

La remémoration prend de plus en plus la forme non pas du rappel à la mémoire d'une histoire, mais de la capacité à convoquer une image. Même un

écrivain aussi imprégné que W. G. Sebald des solen-
nités de la littérature du XIXᵉ et du début du
XXᵉ siècle en est venu à entrecouper de photographies ses récits de lamentation – qui déplorent la
perte des vies, de la nature, des paysages urbains.
Sebald n'était pas seulement un adepte de l'élégie : il
en était le militant. Se souvenant, il voulait que son
lecteur se souvienne aussi.

Les photographies poignantes ne perdent pas fata-
lement leur pouvoir de choquer. Mais elles ne sont
pas d'un grand secours si la tâche est de comprendre.
Les récits peuvent nous amener à comprendre. Les
photographies font autre chose : elles nous hantent.
Prenons l'une des inoubliables images de la guerre
en Bosnie, une photo que le correspondant à l'étranger du *New York Times*, John Kifner, a commentée
en ces termes : « L'image est pénible, de celles qui
resteront de ces guerres des Balkans : un milicien
serbe donnant négligemment un coup de pied à la
tête d'une Musulmane mourante. Tout est dit de ce
qu'il y a à savoir. » Mais bien sûr tout n'est pas dit.

Les renseignements fournis par le photographe,
Ron Haviv, nous apprennent que la photographie a
été prise à Bijeljina, en avril 1992, soit le premier
mois de la mise à feu et à sang de la Bosnie par les
Serbes. Elle montre, vue de dos, la silhouette juvé-
nile d'un milicien serbe en uniforme, portant des
lunettes de soleil perchées sur le sommet de la tête,
tenant une cigarette entre l'index et le majeur de sa
main gauche, qu'il tient levée, son fusil bringueba-
lant dans sa main droite tandis que sa jambe gauche
s'apprête à frapper une femme gisant face contre

terre sur le trottoir, entre deux autres corps. La photographie ne nous dit pas que la femme est musulmane, mais si elle ne l'était pas, que ferait-elle là
gisant comme morte (pourquoi « mourante » ?) entre
les deux autres, sous le regard des soldats serbes ? En
fait, la photographie ne nous dit pas grand-chose —
sinon que la guerre est un enfer, et qu'un gracieux
jeune homme armé d'un fusil est capable de frapper
à la tête une vieille femme un peu lourde gisant sans
défense, ou déjà morte, sur le trottoir.

Les images des atrocités commises en Bosnie furent
visibles très peu de temps après les événements. Tout
comme certaines images de la guerre du Vietnam
— ces photographies de Ron Haberle, par exemple,
attestant le massacre qu'une compagnie militaire américaine infligea à quelque cinq cents civils non armés
dans le village de My Lai, en mars 1968 —, les photographies prises en Bosnie encouragèrent grandement
l'opposition à une guerre qui n'avait rien d'inévitable, rien d'insoluble, et qui aurait pu être arrêtée
beaucoup plus tôt. On pouvait donc se sentir en
devoir de regarder ces images, aussi horribles fus-
sent-elles, dans la mesure où ce qu'elles montraient
appelait une action immédiate. D'autres questions se
posent dès lors que nous sommes sollicités par une
série d'images décrivant les horreurs d'une époque
révolue.

Un exemple : la série de photographies attestant le
lynchage des Noirs dans plusieurs petites villes américaines des années 1890 aux années 1930 ; exposée
dans une galerie new-yorkaise en 2000, elle convia
les milliers de spectateurs qui la virent à une expé-

rience bouleversante, hautement révélatrice. Ces images de lynchage nous parlent de la cruauté des hommes. De leur inhumanité. Elles nous forcent à mesurer l'étendue du mal causé par ce phénomène atroce qu'est le racisme. L'impudence qu'il y a à photographier ce mal est une composante intrinsèque de sa perpétration. Ce sont là des photos-souvenirs, dont certaines furent transformées en cartes postales ; les clichés ne sont pas rares qui nous montrent des spectateurs souriants, bons pratiquants sans doute, en train de poser pour l'appareil sur fond d'un corps nu, carbonisé, mutilé, pendu à un arbre. L'étalage de ces images fait de nous aussi des spectateurs.

Que vise-t-on en exposant ces images ? À nous indigner ? À nous « mettre mal », c'est-à-dire à nous épouvanter et à nous attrister ? À nous aider à faire le deuil ? Est-il vraiment nécessaire de regarder ces photographies qui décrivent les horreurs d'un passé suffisamment lointain pour qu'il échappe à la sanction ? Nous portons-nous mieux de les avoir vues ? Est-il vrai qu'elles nous apprennent quelque chose ? Ne viennent-elles pas seulement confirmer quelque chose que nous savons déjà (ou que nous voulons savoir) ?

Autant de questions qui furent soulevées au moment de l'exposition et un peu plus tard, lors de la publication de l'album *Without Sanctuary*. Certaines personnes, disait-on, pourraient contester la nécessité de ce macabre étalage photographique, de crainte qu'il alimente les appétits voyeuristes et perpétue la victimisation des Noirs – ou encore, plus simplement, qu'il engourdisse les esprits. Il n'en restait pas moins, ajoutait-on, qu'on était en devoir d'« examiner » – terme plus clinique que « regarder » – ces images. Par ailleurs, poursuivait-on, cette épreuve nous aiderait à percevoir ces atrocités non pas comme des actes commis par des « barbares », mais comme l'expression d'un système de croyances – le racisme – qui, en définissant un peuple comme moins humain qu'un autre, légitime la torture et le meurtre. Mais peut-être ces gens étaient-ils *réellement* des barbares. Peut-être est-ce à cela que ressemblent la plupart des barbares (c'est-à-dire à tout le monde).

Cela dit, le « barbare » de l'un n'est jamais que le « mouton de Panurge » de l'autre. (Combien peuvent prétendre être autre chose ?) La question est : Qui désirons-nous blâmer ? Ou plus précisément : Qui croyons-nous être en droit de blâmer ? Les enfants d'Hiroshima et de Nagasaki n'étaient pas moins innocents que les jeunes Afro-Américains (des hommes pour la plupart, mais aussi quelques femmes) que l'on assassina avant de les pendre aux arbres de l'Amérique profonde. Plus de cent mille civils, aux trois quarts des femmes, furent massacrés lors du bombardement de Dresde par la Royal Air Force, dans la nuit du 13 février 1945 ; soixante-douze mille civils furent, en l'espace de quelques secondes, réduits en cendres par la bombe américaine qui s'abattit sur Hiroshima. La liste pourrait être beaucoup plus longue. Alors, de nouveau : Qui désirons-nous blâmer ? Quelles atrocités d'un passé irréparable nous sentons-nous tenus d'aller revoir ?

Si nous sommes américains, nous estimons sans

doute morbide de déroger à nos habitudes pour regarder les photographies des grands brûlés du désastre atomique ou les traces laissées par le napalm sur les corps des victimes civiles de la guerre du Vietnam, mais nous nous sentons en devoir de regarder les images de lynchage – du moins si nous sommes de la famille, en l'occurrence nombreuse sur ce point, des gens de conscience. La reconnaissance, toujours plus aiguë, de la monstruosité d'un système d'esclavage quasiment incontesté dans l'Amérique de jadis est un des projets nationaux des dernières décennies que nombre d'Euro-Américains se sentent poussés à rejoindre. C'est là un grand accomplissement, un indice de vertu civique. Mais admettre que l'Amérique use dans ses guerres d'une puissance de feu disproportionnée (en violation d'une des lois cardinales de la guerre) est tout le contraire d'un projet national. Un musée voué à l'histoire des guerres de l'Amérique – qui inclurait la guerre meurtrière menée contre les guérillas aux Philippines entre 1899 et 1902 (magistralement fustigée par Mark Twain), qui ferait état équitablement, preuve photographique à l'appui, du débat relatif à l'usage de la bombe atomique sur les villes japonaises en 1945 –, un tel musée serait considéré, aujourd'hui plus que jamais, comme une entreprise hautement antipatriotique.

6

On peut se sentir tenu de regarder des photographies qui attestent cruautés et crimes immenses. On devrait se sentir tenu de réfléchir à ce que cela veut dire de les regarder, à notre capacité d'assimiler pleinement ce qu'elles donnent à voir. Nos réactions à ces images ne sont pas toutes dominées par la raison ou la conscience. La plupart des descriptions de corps suppliciés, mutilés suscitent en nous un intérêt lascif. (*Les Désastres de la guerre* constituent une exception notable : on ne peut contempler les images de Goya dans un esprit de lascivité. Elles ne s'attardent pas sur la beauté du corps humain ; les corps sont lourds sous la masse des vêtements.) Toute image montrant la violation d'un corps attirant est, à quelque degré, pornographique. Mais le repoussant peut aussi séduire. Chacun sait que ce qui incite les conducteurs à ralentir, lorsqu'ils passent à proximité d'un terrible accident, n'est pas uniquement la curiosité : c'est aussi, pour beaucoup, le désir de se repaître d'une vision horrible. Qualifier ce désir de « morbide » relève d'une aberration rare, mais l'attirance que suscite ce genre de spectacle n'a pour sa part rien de rare et constitue, pour celui qui l'éprouve, une source perpétuelle de tourment.

De fait, l'attrait des corps mutilés est pour la première fois (à ma connaissance) attesté à l'occasion de la description inaugurale, par Platon, du conflit mental. Il s'agit du passage, au livre IV de *La République*, dans lequel Socrate décrit la manière dont notre raison peut être dominée par un désir indigne, qui pousse l'âme à se mettre en colère contre un élément de sa nature. Platon a, peu avant, développé une théorie de la fonction mentale, divisée selon lui en trois éléments : la raison, la colère ou indignation, l'appétit ou désir – en quoi il anticipe le schéma freudien du surmoi, du moi et du ça (avec cette différence que Platon place la raison au sommet, et la conscience, représentée par l'indignation, au milieu). Socrate, cherchant dans cette discussion à illustrer la manière dont on peut céder, fût-ce avec réticence, à l'attrait du repoussant, raconte l'histoire de Léontios, fils d'Aglaïôn, qu'il a jadis entendue :

Léontios [...] remontait du Pirée, le long du mur du Nord, à l'extérieur ; il s'aperçut que des cadavres gisaient près de chez l'exécuteur public : à la fois il désirait regarder, et à la fois, au contraire, il était indigné, et se détournait. Pendant un certain temps il aurait lutté et se serait couvert le visage ; mais décidément dominé par le désir, il aurait ouvert grands les yeux et, courant vers les cadavres : « Voici pour vous, dit-il, génies du mal, rassasiez-vous de ce beau spectacle ! »

Évitant de choisir, pour illustrer le conflit entre raison et désir, l'exemple plus commun de la passion sexuelle inopportune ou illicite, Platon semble tenir pour acquis que nous sommes aussi friands de spectacles témoignant de la dégradation, de la douleur et de la mutilation.

La prise en compte de ce qui sous-tend cet élan dévoyé est assurément nécessaire dès lors qu'on entend évaluer l'effet produit par les images de l'atrocité.

Reconnaître l'existence d'un tropisme inné pour l'horrible était peut-être plus facile au commencement de la modernité. Edmund Burke a fait observer que les gens aiment regarder des images de souffrance. « Je suis convaincu que nous prenons un certain plaisir, et non des moindres, à la réalité du malheur et de la douleur des autres », écrivait-il en 1757, dans *Recherche philosophique sur l'origine de nos idées du sublime et du beau*. « Il n'y a pas de spectacle que nous recherchions avec autant d'avidité que celui d'une exceptionnelle et cruelle calamité. » William Hazlitt, dans son essai sur le Iago de Shakespeare et l'attrait qu'exerce la figuration de la scélératesse au théâtre, demande, pour sa part : « Pourquoi lisons-nous toujours, dans les journaux, les articles qui parlent d'incendies dévastateurs et de meurtres choquants ? » Parce que, répond-il, « le goût de la méchanceté », de la cruauté, est aussi naturel, chez l'être humain, que la capacité de compassion.

L'un des grands théoriciens de l'érotisme, Georges Bataille, avait sur son bureau, et donc sous son regard tous les jours, une photographie prise en Chine, en 1910, d'un prisonnier subissant le « supplice des Cent Morceaux ». (Devenue légendaire, cette image est reproduite dans *Les Larmes d'Éros*, dernier livre que Bataille publia de son vivant – en 1961.) « Ce cliché », écrit Bataille, « eut un rôle décisif dans ma vie. Je n'ai jamais cessé d'être obsédé par cette image de la douleur, à la fois extatique (?) et intolérable. » Contempler cette image, selon Bataille, induit à la fois la mortification des sentiments et la libération d'un savoir érotique habituellement proscrit – réaction complexe, que bien des gens trouveront sans doute peu crédible. Pour la plupart d'entre nous, en effet, l'image est tout simplement intolérable : photographie – et non tableau – d'une victime sacrificielle que l'on a déjà privée de ses bras et à laquelle plusieurs couteaux finissent d'infliger les dernières meurtrissures ; figuration d'un Marsyas réel, non mythique, en qui la vie bat encore et qui lève son visage en un mouvement d'extase digne de n'importe quel saint Sébastien de la Renaissance italienne. En tant qu'objets de contemplation, les images de l'atroce peuvent satisfaire plusieurs besoins. S'armer contre la faiblesse. Se faire plus sourd à la douleur. Reconnaître l'existence de ce qu'on ne peut amender en soi.

Bataille ne dit pas qu'il prend plaisir à regarder ce supplice. Mais il dit qu'il peut imaginer l'extrême souffrance comme quelque chose qui, excédant la souffrance, prend la forme d'une sorte de transfiguration. C'est une vision de la souffrance, de la douleur des autres, qui trouve son fondement dans la pensée religieuse, en ceci que la souffrance est liée au sacrifice, le sacrifice à l'exaltation. Aucune vision ne saurait être plus étrangère à la sensibilité moderne, pour laquelle la souffrance est une erreur, un accident ou un crime. Quelque chose qui exige réparation. Quelque chose qu'il faut refuser. Quelque chose devant quoi nous nous sentons impuissants.

Que faire du savoir que nous communiquent les photographies de souffrances lointaines ? Les gens sont souvent incapables de comprendre les souffrances de ceux qui leur sont proches (*Hospital*, le film de Frederick Wiseman, est à cet égard un document extraordinaire). Malgré tout l'attrait du voyeurisme – et l'éventuelle satisfaction de pouvoir se dire « Ce n'est pas à moi que cela arrive, je ne suis ni malade, ni mourant, je ne vis pas une situation de guerre » –, il paraît normal aux gens d'éluder la question du malheur des autres, y compris de ceux auxquels il serait aisé de s'identifier.

Une citoyenne de Sarajevo qui souscrivait sans réserve à l'idéal yougoslave, rencontrée en avril 1993, peu après mon arrivée dans cette ville où je venais pour la première fois, m'a raconté : « En octobre 1991, j'étais ici, dans cet agréable appartement d'un Sarajevo paisible, lorsque les Serbes ont envahi la Croatie ; et lorsque la télévision a montré, le soir, des séquences de la destruction de Vukovar, à quelques centaines de kilomètres d'ici, je me souviens de m'être dit "Oh, quelle horreur !" et d'avoir changé de chaîne. Alors comment pourrais-je m'indigner si quelqu'un, en France, en Italie, ou en Allemagne, voyant au journal du soir le massacre qui a lieu ici, jour après jour, s'exclame "Oh, quelle horreur !" et se met en quête d'un autre programme ? C'est normal. C'est humain. » Là où les gens se sentent en sécurité – telle était sa conclusion amère, et le reproche qu'elle s'adressait à elle-même –, leur réaction est d'indifférence. Mais une habitante de Sarajevo a certainement d'autres raisons qu'un étranger indifférent de se détourner du spectacle terrible d'événements qui, après tout, se déroulent dans une autre région de son pays. L'abandon de Sarajevo par les étrangers, envers lesquels elle se montrait si charitable, résultait aussi du sentiment de leur impuissance face à la situation. Sa réticence à regarder des images annonciatrices d'une guerre toute proche était l'expression de son désarroi, et de sa peur.

Les gens peuvent se détourner non pas uniquement parce que des images de violence, administrées à doses régulières, les ont rendus indifférents, mais aussi parce qu'ils ont peur. Comme chacun sait, le niveau de violence et de sadisme acceptables dans la culture de masse – cinéma, télévision, bandes dessinées, jeux électroniques – est en hausse. Des images qui, il y a quarante ans, auraient fait frémir de dégoût n'importe quel public ne suscitent même plus un battement de cils chez les jeunes clients des complexes multisalles. En fait, la violence délibérée divertit plus qu'elle ne choque dans la plupart des cultures modernes. Mais toutes les formes de violence ne suscitent pas le même détachement. Certains désastres constituent plus que d'autres des sujets d'ironie[1].

C'est, mettons, parce que la guerre en Bosnie ne s'arrêtait pas, parce que les dirigeants déclaraient le problème insoluble, que le public étranger avait tendance à éteindre son téléviseur devant ces images terribles. C'est parce qu'une guerre, n'importe quelle guerre, paraît impossible à arrêter que les gens perdent leur capacité à réagir à l'horreur. La compassion est une émotion instable. Elle doit se traduire en action, faute de quoi elle s'étiole. La question est de savoir que faire des sentiments que l'on a éveillés, du savoir que l'on a communiqué. Si le sentiment est qu'il n'y a rien que « nous » puissions faire – mais qui est ce « nous » ? – et rien qu'« ils » – mais qui, « ils » ? – puissent faire non plus, alors l'ennui, le cynisme, l'apathie gagnent.

Être ému n'est pas nécessairement mieux. La sen-

---

1. Il est révélateur qu'Andy Warhol, expert en matière de mort et grand prêtre des délices de l'apathie, ait été attiré par les articles de presse rendant compte de morts violentes (accidents de voiture, catastrophes aériennes, suicides, exécutions). Pourtant, ses sérigraphies excluaient la mort causée par la guerre. La photographie, dans un journal, d'une chaise électrique ou le gros titre d'un tabloïd proclamant « Un jet s'écrase : 129 morts » avaient sa faveur. Mais « Bombardements sur Hanoi », non. Le seule sérigraphie qui fasse référence à la violence de la guerre est d'une photographie qui avait pris valeur d'icône – autrement dit, de cliché : l'image d'un champignon atomique reproduite en série sur le modèle d'une planche de timbres-poste (comme les visages de Marilyn Monroe, de Jackie Bouvier-Onassis, de Mao Tsé-toung) pour illustrer l'opacité, la fascination et la banalité de la chose.

timentalité, on le sait bien, est tout à fait compatible avec un goût de la brutalité, si ce n'est pire. (Qu'il suffise de rappeler l'exemple classique de ce commandant d'Auschwitz qui rentre chez lui le soir, embrasse sa femme et ses enfants, puis s'installe au piano pour jouer un peu de Schubert avant le dîner.) Les gens ne sont pas endurcis par les images qu'on leur montre – à supposer qu'on puisse décrire les choses ainsi –, à cause de la *quantité* d'images dont on les abreuve. C'est la passivité qui émousse le sentiment. Les états que l'on dit d'apathie, d'anesthésie de l'esprit ou du sentiment, sont en fait pleins d'émotions ; ces émotions sont la rage et la frustration. Mais si nous nous demandons quelles émotions sont désirables, il semble trop simple d'élire la compassion. La proximité imaginaire qu'introduisent les images décrivant la douleur des autres instaure, entre les victimes lointaines – que l'écran de télévision nous montre en gros plan – et le spectateur privilégié, un lien faux, qui n'est jamais qu'une mystification supplémentaire de ce que sont nos véritables rapports au pouvoir. Dès lors que nous éprouvons de la compassion, nous ne pouvons être complices de ce qui a provoqué cette souffrance. Notre compassion proclame notre innocence autant que notre impuissance. Dans cette mesure, elle peut devenir (malgré toutes nos bonnes intentions) une réaction impertinente – sinon inappropriée. Mettre de côté la compassion que nous inspirent les victimes de la guerre et des politiques meurtrières pour entamer une réflexion sur l'idée que nos privilèges s'ancrent sur la carte même de cette souffrance et lui sont peut-être – d'une manière que nous préférons sans doute ne pas imaginer – liés, tout comme la richesse de certains implique le dénuement des autres, est une tâche à laquelle les images doulou-reuses, émouvantes, ne font que donner l'impulsion initiale.

7

Soit deux idées couramment admises – au point d'en devenir presque des platitudes – sur l'impact de la photographie. Dans la mesure où j'ai développé ces idées dans mes essais sur la photographie – il y a trente ans de cela, pour le premier –, je ne peux résister à la tentation de leur chercher querelle.

La première idée est que l'attention du public est stimulée par ce qui retient l'attention des médias – à savoir, essentiellement, les images. Une guerre dont il existe des photographies devient « réelle ». Ainsi, ce sont les images qui ont mobilisé la protestation contre la guerre du Vietnam. Le sentiment qu'il fallait dénoncer la guerre en Bosnie s'est construit à partir du regard des journalistes – « l'effet CNN », l'a-t-on parfois appelé –, qui introduisirent chaque soir dans des centaines de millions de foyers, pendant plus de trois ans, des images du Sarajevo assiégé. Ces exemples illustrent le pouvoir des photographies à déterminer le type de catastrophes et de crises qui suscitent notre attention, notre intérêt, et en fin de compte la manière dont nous évaluons ces conflits.

La deuxième idée – en quoi on pourrait voir l'inverse de la première – est que dans un monde saturé – non, hypersaturé – d'images, celles qui devraient compter produisent sur nous un effet amenuisant : elles nous rendent insensibles. Elles finissent par amoindrir notre aptitude à ressentir, à maintenir notre conscience à son niveau de vigilance.

Dans le premier des six essais que contient *Sur la photographie*, publié en 1977, j'avançais l'idée que, si un événement dont nous prenons connaissance grâce aux photographies acquiert un surcroît de réalité qu'il n'aurait pas eu sans elles, il y a aussi perte de réalité quand on revoit sans cesse les mêmes images. Autant qu'elles exaltent la compassion, écrivais-je, les photographies l'engourdissent. Est-ce bien vrai ? Je le pensais lorsque je l'ai écrit. Je n'en suis plus si sûre aujourd'hui. Quelles preuves avons-nous que les photographies ont un impact dégressif, que notre culture du spectacle neutralise la force morale des images de l'atroce ?

La question tourne autour de l'idée qu'on se fait du principal support de l'information : la télévision. La force d'une image s'épuise en raison de l'utilisation qui en est faite, des circonstances et de la fréquence de sa diffusion. Les images montrées à la télévision sont, par définition, des images dont, tôt ou tard, on se lasse. Ce qui pourrait passer pour un manque de sensibilité trouve son origine dans le caractère volatil de l'attention que la télévision s'ingénie à éveiller et à satisfaire par l'excès des images. Le gavage visuel fait de l'attention cette chose légère, mobile, relativement indifférente au contenu. Le flot visuel interdit de privilégier une seule image. Le propre de la télévision est qu'on peut changer de chaîne, qu'il est normal de passer d'une chaîne à l'autre, de s'impatienter, de s'ennuyer. L'attention du consommateur fléchit. Elle a perpétuellement besoin d'être restimulée, relancée. Le contenu n'est rien de plus qu'un des stimulants possibles. Une prise en compte plus réfléchie du contenu exigerait une certaine intensité de conscience – cette même conscience qui se trouve endormie par les attentes qu'on assigne aux images diffusées ici et là par les médias. Le lessivage du contenu est ce qui contribue le mieux à l'engourdissement du sentiment.

L'argument selon lequel la vie moderne corrompt notre appétit en nous gavant d'horreurs auxquelles nous nous habituons peu à peu est une des pierres d'angle de la critique de la modernité – la critique étant presque aussi vieille que la modernité elle-même. Wordsworth, en 1800, dénonçait dans sa préface aux *Ballades lyriques* la corruption de la sensibilité induite par « les grands événements nationaux qui se déroulent quotidiennement et l'accumulation toujours plus grande, dans les villes, de gens voués à des tâches uniformes engendrant un appétit pour le fait divers hors du commun – appétit que satisfait sur l'heure la rapidité avec laquelle l'information se communique ». Cette surstimulation a pour effet d'« émousser les capacités de discernement », de « réduire l'esprit à un état de torpeur presque sauvage ».

Le poète anglais avait isolé (dès 1800 !) l'effet d'engourdissement que produisent, sur l'esprit, les événements « quotidiens » et la transmission « sur l'heure » de l'information relative aux « faits divers hors du commun » – la nature exacte des événements et des faits divers étant discrètement laissée à l'imagination du lecteur. Environ soixante ans plus tard, un autre grand poète et diagnostiqueur culturel – français, de sorte qu'il a de l'hyperbole le goût qu'ont les Anglais de la litote – offrit une version plus passionnée du même constat accusateur. Voici ce qu'écrivait Baudelaire dans son journal, au début des années 1860 :

> Il est impossible de parcourir une gazette quelconque, de n'importe quel jour, sans y trouver à chaque ligne les signes de la perversité humaine la plus épouvantable [...]. Tout journal, de la première ligne à la dernière, n'est qu'un tissu d'horreurs. Guerres, crimes, vols, impudicités, tortures, crimes des princes, crimes des nations, crimes des particuliers, une ivresse d'atrocités universelles. Et c'est de ce dégoûtant apéritif que l'homme civilisé accompagne son repas chaque matin.

Au temps de Baudelaire, les gazettes ne publiaient pas encore de photographies. Pour autant, il n'y a aucune différence entre cette condamnation du bourgeois prenant son petit déjeuner en compagnie des horreurs universelles et la stigmatisation, par la critique contemporaine, de l'horreur désensibilisante à laquelle la télévision et les quotidiens nous exposent chaque jour. Une technologie plus moderne nous alimente en continu, d'autant d'images du catastrophique et de l'atroce que notre emploi du temps permet d'en absorber.

Depuis la publication de *Sur la photographie*, de nombreux critiques ont donné à entendre que les atrocités de la guerre se réduisent désormais – grâce à la télévision – à une banalité chaque soir réitérée. Submergés que nous sommes par ces images qui jadis nous choquaient et suscitaient notre indignation, nous perdons progressivement notre capacité à réagir. La compassion, pour avoir été poussée à l'extrême limite, s'engourdit. Tel est le diagnostic communément posé. Mais quelle est exactement la nature de la demande, ici ? Qu'on ramène les images de carnage à une diffusion, mettons, hebdomadaire ? Ou plus généralement, qu'on œuvre en direction de cette « écologie des images » que j'appelais de mes vœux dans *Sur la photographie* ? Mais il n'y aura pas d'écologie des images. Aucune « classe des gardiens » ne va rationner l'horreur, ne va veiller à ce que son pouvoir de choquer demeure intact. Quant aux horreurs elles-mêmes, elles ne vont pas décroître.

L'idée avancée dans *Sur la photographie* – que le matraquage d'images vulgaires et effrayantes entame notre capacité à réagir aux choses avec fraîcheur émotionnelle et pertinence éthique – pourrait être appelée critique conservatrice de la diffusion de ces images.

Je qualifie cette hypothèse de conservatrice parce que c'est notre *sentiment* de la réalité qui se trouve erodé. Mais il existe encore une réalité, indépendamment des tentatives mises en œuvre pour saper son autorité. Mon hypothèse est en fait une défense de la réalité et des critères, en l'occurrence menacés, qui nous permettent d'appréhender cette réalité de manière plus pleine.

Dans une approche plus radicale – cynique – de cette critique, il ne reste plus rien à défendre : la grande machine à broyer de la modernité a englouti la réalité et rejeté ses déchets sous forme d'images. Selon une analyse très prisée, nous vivons aujourd'hui dans une « société du spectacle ». Chaque situation doit être transformée en spectacle pour devenir réelle – c'est-à-dire intéressante – à nos yeux. Les gens eux-mêmes aspirent à devenir des images : des célébrités. La réalité a abdiqué. Seules demeurent les représentations : les médias.

De la belle rhétorique, ça. Et qui en convainc plus d'un, l'une des caractéristiques de la modernité étant que les gens aiment à croire en leur pouvoir de devancer leur propre expérience. (Cette vision des choses est notamment associée aux écrits de feu Guy Debord, lequel croyait décrire une illusion, un canular, et de Jean Baudrillard, pour qui seules existent aujourd'hui les images, les simulacres de la réalité ; il semble y avoir là quelque chose comme une spécialité française.) On entend communément dire que la guerre, comme tout ce qui semble être réel, est un phénomène *médiatique*. Tel est le diagnostic que portèrent plusieurs Français éminents, parmi lesquels André Glucksmann, après avoir fait, durant le siège, un voyage d'une journée à Sarajevo : la guerre se gagnera ou se perdra non pas du fait d'un quelconque événement à Sarajevo, ni même en Bosnie, mais du fait de l'événement médiatique. On affirme souvent que « l'Occident » considère de plus en plus la guerre elle-même comme un spectacle. L'annonce périodique de la mort de la réalité – comme de celle de la raison, des intellectuels, de la grande littérature – semble avoir été acceptée sans grande réflexion de la part de ceux qui cherchent à comprendre les défauts, la vacuité ou le triomphalisme stupide de la politique et de la culture contemporaines.

Déclarer que la réalité est devenue spectacle relève d'un provincialisme stupéfiant. C'est universaliser les manières de voir d'une petite communauté de gens cultivés vivant dans la partie du monde la plus prospère, celle où l'information est devenue divertissement – conception sophistiquée qui constitue une acquisition fondamentale de la « modernité » et la condition requise pour démanteler les formes politiques traditionnelles, celles des partis grâce auxquels un vrai désaccord et un véritable débat sont possibles. Cette conception postule que chacun est un spectateur. Elle suggère, de façon perverse, légère, qu'il n'y a pas de souffrance réelle dans le monde. Mais il est absurde de réduire le « monde » à ces zones des pays riches où les gens bénéficient du privilège douteux d'être, ou de refuser d'être, les spectateurs de la douleur des autres, tout comme il est absurde de généraliser sur la capacité de compassion à partir de la mentalité de ces consommateurs d'information qui ignorent tout, directement, de la guerre, de l'injustice massive et de la terreur. Il existe des centaines de millions de spectateurs qui sont loin d'être immunisés contre ce qu'ils voient à la télévision. Ils ne disposent pas du luxueux pouvoir de traiter la réalité avec condescendance.

C'est désormais un cliché, dans ce débat cosmopolite autour des images de l'atroce, que de tenir pour certain qu'elles ont peu d'effet, et qu'un cynisme inné préside à leur diffusion. Si ferme que puisse être la foi en l'importance des images de guerre, elle ne chasse pas le soupçon qui continue à peser sur l'intérêt de ces images et les intentions de ceux qui les produisent. Cette réaction est sensible aux deux bouts de la chaîne : tant chez les cyniques qui n'ont jamais approché la moindre guerre que chez les éreintés de la guerre, qui endurent les misères placées sous l'objectif.

Citoyens de la modernité, consommateurs de violence en tant que spectacle, partisans de la proximité sans risque, tous sont éduqués à considérer avec cynisme la possibilité de la sincérité. Certaines personnes feront n'importe quoi pour s'empêcher d'être émues. Il est tellement plus facile, depuis son fauteuil, loin du danger, de revendiquer une position de supériorité. En fait, tourner en dérision, en les taxant de « tourisme de guerre », les efforts de ceux qui témoignent des conflits en se rendant sur place est une posture si souvent adoptée qu'elle contamine

aujourd'hui le débat relatif à la profession de photographe de guerre.

Le sentiment persiste que l'appétit éprouvé pour de
telles images est un appétit vulgaire, corrompu, une
faim commerciale de morbidité. Pendant les années
du siège de Sarajevo, il n'était pas rare d'entendre, au
milieu des bombardements ou des tirs de sniper, un
Sarajévien criant aux reporters photographes, facile-
ment reconnaissables à l'équipement qu'ils portaient
autour du cou : « Vous attendez qu'un obus éclate
pour photographier les cadavres ? »

C'était parfois le cas, moins souvent qu'on ne
l'imagine pourtant, dans la mesure où le photographe qui restait dans la rue, au milieu des bombardements ou des tirs de sniper, encourait le même
risque d'être tué que les civils qu'il pourchassait. Par
ailleurs, la recherche du scoop ne suffit pas à expliquer l'avidité et le courage des reporters pendant le
siège. Pendant toute la durée du conflit, les nombreux journalistes expérimentés qui rapportaient les
événements de Sarajevo n'étaient, pour la plupart,
pas neutres. Et les Sarajéviens entendaient bien que
leur situation fît l'objet d'une saisie photographique :
les victimes s'intéressent à la représentation de leurs
souffrances. Mais elles veulent que ces souffrances
soient perçues comme uniques. Au début de l'année
1994, le reporter photographe anglais Paul Lowe,
qui vivait depuis plus d'un an dans la ville assiégée,
exposa, dans une galerie à moitié en ruine, les photographies qu'il avait prises à Sarajevo à côté d'autres
images, photographiées quelques années plus tôt en
Somalie ; les Sarajéviens, bien qu'impatients de voir

de nouvelles images de la destruction en cours de leur ville, se sentirent offensés de la proximité des photographies somaliennes. Lowe avait cru l'affaire simple. Il exerçait la profession de photographe et c'étaient là deux séries dont il était fier. Pour les Saréjéviens aussi, l'affaire était simple. Juxtaposer leurs souffrances à celles d'un autre peuple revenait à les comparer (où l'enfer était-il pire ?) et à ravaler le martyre de Sarajevo au rang de simple exemple. Les atrocités que nous vivons ici n'ont rien à voir avec ce qui se passe en Afrique, s'exclamèrent-ils. Leur indignation était certes légèrement teintée de racisme – les Bosniaques sont européens, ne manquaient-ils jamais de rappeler à leurs amis étrangers –, mais l'objection aurait été la même s'il s'était agi d'inclure, dans l'exposition, des images d'atrocités commises contre les civils en Tchétchénie, au Kosovo, ou d'ailleurs dans n'importe quel pays. Il est intolérable de voir ses souffrances jumelées avec celles d'un autre, quel qu'il soit.

8

Désigner l'enfer ne nous dit rien, bien sûr, de ce que l'on peut faire pour tirer les gens de cet enfer, ni modérer ses flammes. Cela semble être un bien en soi, pourtant, que de reconnaître, d'élargir, notre appréciation du degré de souffrance induite par la méchanceté humaine dans ce monde que nous partageons avec d'autres. Celui qui reste éternellement étonné devant l'existence de la dépravation, qui persiste à être déçu (ou incrédule) face aux cruautés épouvantables que les hommes sont capables d'infliger d'eux-mêmes à d'autres hommes, celui-là n'a pas atteint l'état de maturité morale et psychologique.

Personne, passé un certain âge, n'a le droit à ce genre d'innocence, de superficialité, à ce degré d'ignorance ou d'amnésie.

Il existe aujourd'hui un immense répertoire d'images qui rendent plus difficile de persister dans cette défection morale. Laissons les images atroces nous hanter. Même si elles ne sont que des emblèmes, qui ne peuvent rendre compte de toute la réalité à laquelle elles renvoient, elles n'en accomplissent pas moins une fonction vitale. Les images disent : « Voici ce que les humains sont capables de faire, voici ce pour quoi ils peuvent se porter volontaires, avec enthousiasme, sûrs de leur bon droit. N'oubliez pas. »

Ce n'est pas tout à fait la même chose que d'enjoindre les gens à préserver le souvenir d'une monstruosité particulière (« N'oubliez jamais »). On assigne peut-être trop de valeur à la mémoire, pas assez à la réflexion. Se souvenir est un acte éthique, qui possède une valeur éthique en soi et par soi. La mémoire est, douloureusement, le seul rapport que nous puissions entretenir avec les morts. L'idée que le souvenir est un acte éthique est donc profondément ancrée dans notre nature d'êtres humains, qui savons que nous allons mourir, et qui pleurons ceux qui, dans le cours normal des choses, meurent avant nous – nos grands-parents, nos parents, nos professeurs, nos amis plus âgés. L'absence de cœur et l'amnésie semblent aller ensemble. Mais l'histoire émet des signaux contradictoires quant à la valeur du souvenir sur la durée plus longue de l'histoire collective. Il y a, tout bonnement, trop d'injustice dans le monde. Et l'excès de souvenir (des vieilles plaintes : les Serbes, les Irlandais) rend amer. Faire la paix, c'est oublier. Pour que la réconcilation ait lieu, il est nécessaire que la mémoire soit défectueuse et limitée.

Si le but est d'aménager un espace dans lequel on puisse vivre sa vie, alors il est souhaitable que l'existence d'injustices particulières se fonde dans une compréhension plus générale de ce que les hommes sont, partout dans le monde, capables d'infliger à d'autres hommes.

Installés devant nos petits écrans — de télévision, d'ordinateur, de téléphone portable —, nous avons la possibilité de surfer d'une image à l'autre et d'accéder aux comptes rendus sommaires des désastres infligés de par le monde. On a l'impression que le nombre de ces nouvelles est plus important que dans le passé. C'est sans doute une illusion. La différence, c'est que les nouvelles se diffusent « partout ». Et que certaines souffrances présentent en elles-mêmes beaucoup plus d'intérêt pour le public (étant donné qu'il faut admettre l'existence d'un public pour la souffrance) que d'autres. Que l'actualité relative à la guerre fasse aujourd'hui l'objet d'une diffusion mondiale ne signifie pas que la capacité à réfléchir aux souffrances des gens éloignés ait augmenté dans des proportions significatives. Dans la vie moderne — une vie dispensant une surabondance de choses auxquelles nous sommes invités à prêter attention —, il paraît normal que nous nous détournions des images qui nous indisposent. Un nombre encore plus grand de spectateurs changeraient de chaîne si les médias consacraient plus de temps aux détails de la souffrance humaine induite par la guerre et les autres infamies. Mais il n'est sans doute pas vrai que les gens réagissent moins.

Que nous ne soyons pas totalement transformés, que nous puissions nous détourner, tourner la page, changer de chaîne, ne porte pas atteinte à la valeur éthique de l'assaut produit par les images. Il n'y a nulle déficience dans le fait de n'être pas marqué au fer rouge, de ne pas souffrir *assez*, lorsqu'on voit ces images. Et la photographie n'est pas censée remédier à notre ignorance quant à l'histoire et aux causes de la souffrance qu'elle choisit de cadrer. Ces images ne peuvent guère faire plus que nous inviter à prêter attention, à réfléchir, à apprendre, à examiner les rationalisations par lesquelles les pouvoirs établis justifient la souffrance massive. À qui doit-on ce que l'image montre ? Qui est responsable ? Est-ce excusable ? Était-ce inévitable ? Y a-t-il un état des choses que nous avons accepté jusqu'à présent et qu'il faille désormais contester ? Tout cela assorti de la conscience que l'indignation morale, pas plus que la compassion, ne peut nous dicter une manière d'agir.

La frustration que l'on éprouve de ne rien pouvoir faire face à ce que les images montrent peut se traduire en une accusation contre l'indécence qu'il y a à regarder ces images, ou l'indécence des procédés employés pour les diffuser — qui les font volontiers voisiner avec des publicités pour crèmes hydratantes, antalgiques ou monospaces. Si nous pouvions faire quelque chose face à ce que les images montrent, nous ne nous sentirions peut-être pas aussi concernés par ces questions.

On reproche aux images d'être le support d'une souffrance que l'on regarde à distance, comme s'il existait une autre façon de regarder. Mais regarder de près – sans la médiation de l'image – n'est encore que regarder.

Certains des reproches adressés aux images de l'atroce ne diffèrent pas de ce qui caractérise la vue elle-même. La vue n'exige pas d'effort ; elle requiert une distance spatiale ; elle peut se faire aveugle (nos yeux sont équipés de paupières, mais nos oreilles n'ont pas de portes). Les qualités mêmes qui faisaient de la vue, chez les philosophes grecs, le plus excellent, le plus noble des sens, sont aujourd'hui jugées déficitaires.

Le sentiment domine qu'il s'attache une valeur moralement négative à ce condensé de la réalité qu'offre la photographie ; que l'on n'a pas le droit d'éprouver la souffrance des autres à distance, lorsqu'elle est dépouillée de son pouvoir brut ; que l'on paie d'un prix humain (ou moral) trop élevé l'apanage si longtemps prisé de la vision – cette capacité à se mettre en retrait de l'agressivité du monde pour se rendre libre d'observer et de choisir ce à quoi nous souhaitons prêter attention. Mais en disant cela, on ne fait jamais que décrire la fonction de l'esprit lui-même.

Il n'y a rien de mal à prendre du recul et à réfléchir. La sagesse dit : « On ne peut pas frapper et penser en même temps. »

9

Certaines photographies emblématiques de la souffrance – comme ce cliché montrant un petit garçon du Ghetto de Varsovie, en 1943, que l'on achemine, mains levées, jusqu'au train qui va le conduire au camp de la mort – peuvent être utilisées comme des *memento mori*, des objets de contemplation permettant d'approfondir le sens de la réalité ; ou, si l'on préfère, comme des icônes laïques. Mais cet usage paraît requérir l'équivalent d'un espace sacré, ou d'un espace de méditation, à l'intérieur duquel on puisse les regarder. L'espace alloué à la gravité est devenu chose rare dans une société moderne dont le principal modèle d'espace public est le centre commercial (qui peut être aussi un aéroport ou un musée).

Regarder, dans une galerie d'art, les photographies poignantes de la douleur des autres semble relever de l'exploitation. Même ces images extrêmes dont la gravité, le pouvoir émotionnel, semblent fixés à jamais – les photographies, prises en 1945, des camps de concentration – ont un poids différent selon

l'endroit où on les voit : dans un musée de la photographie (l'Hôtel de Sully à Paris, l'International Center of Photography à New York) ; dans une galerie
d'art contemporain ; dans un catalogue d'exposition ;
à la télévision ; dans les pages du *New York Times* ;
dans celles de *Rolling Stone* ; dans un livre. Une photographie vue dans un album ou imprimée sur du
vulgaire papier journal (comme les images de la
guerre civile espagnole) prend une signification différente lorsqu'elle est exposée dans une boutique
d'Agnès B. Toute image est vue à l'intérieur d'un
cadre particulier. Et les cadres se multiplient aujour-
d'hui. Benetton, le fabricant italien de prêt-à-porter,
utilisa, dans l'une de ses célèbres campagnes publici-
taires, la photographie de la chemise tachée de sang
d'un soldat croate mort au combat. La photographie
publicitaire se montre souvent aussi ambitieuse,
rusée, faussement ordinaire, transgressive, ironique
et solennelle que la photographie d'art. Lorsque la
photographie du milicien de Capa parut dans *Life*,
en regard de la publicité pour Vitalis, la différence,
eu égard à l'apparence, entre image « de presse » et
image « publicitaire » était considérable, irréductible.
Ce n'est plus le cas aujourd'hui.

Le scepticisme que suscite de nos jours le travail de
certains photographes de conscience semble, pour
une bonne part, n'être guère plus que l'expression
d'un certain déplaisir face à la diversification du mode
de circulation des images ; face au fait qu'il n'y a
aucun moyen de garantir à ces images des conditions
de réception respectueuses qui permettraient d'y
réagir pleinement. En effet, mis à part les lieux où la

déférence patriotique à l'égard des dirigeants est de mise, il n'y aurait apparemment plus aucun espace sûr qui puisse accueillir la contemplation ou l'embarras.

Dans la mesure où les photographies qui abordent des sujets graves ou déchirants relèvent de l'art – ce qui est le cas dès l'instant où elles font l'objet d'un accrochage, qu'on le veuille ou non –, elles connaissent le destin de toutes les œuvres d'art exposées sur les murs ou posées à même le sol des espaces publics. Elles deviennent des stations jalonnant un parcours – d'ordinaire accompagné. Visiter un musée ou une galerie est une situation sociale, parcourue d'interférences, à l'intérieur de laquelle les œuvres d'art sont vues et commentées[1]. À certains égards, le poids et la

1. L'évolution du musée a beaucoup contribué à développer cette atmosphère d'interférences. De lieu de conservation et d'exposition des beaux-arts qu'il était jadis, le musée est devenu une immense institution à la fois éducative et commerciale, dans laquelle montrer l'art n'occupe plus le premier plan. Le musée a principalement vocation, aujourd'hui, à divertir tout en instruisant (divers moyens sont mis en œuvre pour cela) et à promouvoir des expériences, des goûts, des simulacres. Le Metropolitan Museum of Art de New York consacre une exposition aux vêtements que portait Jacqueline Bouvier-Kennedy-Onassis lorsqu'elle vivait à la Maison Blanche ; l'Imperial War Museum de Londres, très admiré pour ses collections de photographies et de matériel militaires, offre à présent aux visiteurs deux environnements reconstitués : le cadre de la Première Guerre mondiale avec *The Trench Experience* (la Somme, en 1916), qui propose un parcours sonore complet (comprenant des enregistrements d'explosions d'obus, de cris) mais inodore (pas de cadavres en putréfaction, ni d'odeurs de gaz asphyxiant) ; celui de la Deuxième Guerre mondiale avec *The Blitz Experience*, entrevue à travers une présentation des conditions auxquelles furent soumis

gravité de ces photographies sont mieux préservés dans un livre, que l'on peut consulter en privé, en s'attardant sur les images, sans parler. Reste qu'il y aura toujours un moment où l'on refermera le livre. L'émotion, de forte, se fera passagère. Et pour finir, la spécificité des accusations dont l'image est porteuse disparaîtra ; la mise en accusation d'un conflit particulier et l'attribution de crimes spécifiques cédera la place à une dénonciation de la cruauté humaine, de la sauvagerie humaine comme telle. Les intentions du photographe sont totalement étrangères à ce processus-là, qui le dépasse.

Existe-t-il un antidote à l'éternelle séduction qu'exerce la guerre ? Et est-ce là une question qu'une femme posera plus volontiers qu'un homme ? (Sans doute.)

Pourrait-on se mobiliser activement contre la guerre au vu d'une image (ou d'un groupe d'images) comme on peut rejoindre les rangs des opposants à la peine de mort en lisant, par exemple, *Une tragédie américaine* de Dreiser ou *L'Exécution de Troppmann* de Tourgueniev – récit dans lequel l'écrivain expatrié, convié au rôle d'observateur dans une prison parisienne, décrit les dernières heures d'un célèbre criminel condamné à la guillotine ? Un récit semble, a priori, avoir plus d'efficacité qu'une image. La rai-

_____

les Londoniens pendant le bombardement allemand de 1940 – avec, entre autres, la simulation d'un raid aérien vécu depuis un abri souterrain.

son en est, en partie, la durée à laquelle on peut astreindre le regard, le sentiment. Aucune photographie, aucun portfolio ne peut retenir le regard aussi longtemps que l'œuvre de la cinéaste ukrainienne Larisa Shepitko, *Voskhojdieniye* (« L'Ascension », 1977) – le film le plus bouleversant qu'il m'ait été donné de voir sur la tristesse de la guerre –, ou que cet étonnant documentaire du Japonais Kazuo Hara, *En avant l'armée de l'empereur* (1987), qui trace le portrait d'un combattant soi-disant fou de la guerre du Pacifique : le protagoniste consacre sa vie à dénoncer les crimes de guerre des Japonais, sillonnant le pays dans une camionnette équipée d'un haut-parleur et rendant visite, de la manière la plus inopportune, à ses anciens officiers supérieurs afin d'exiger qu'ils s'excusent de leurs crimes – le meurtre de soldats américains aux Philippines, par exemple –, commis ou approuvés.

Dans la série des images antiguerre isolées, l'immense photographie faite par Jeff Wall en 1992 – *Dead Troops Talk (A Vision After an Ambush of a Red Army Patrol, near Moqor, Afghanistan, Winter 1986)* – me paraît témoigner d'une profondeur de pensée et d'une puissance exemplaires. Antithèse même du document, cette photographie, un tirage Cibachrome de 225 × 400 cm rétroéclairé dans un caisson lumineux, montre des personnages disposés à l'intérieur d'un paysage, un coteau désolé, qui a été fabriqué dans le studio de l'artiste. Wall, qui est canadien, n'est jamais allé en Afghanistan. L'embuscade est un événement de pure invention, intervenant dans une guerre sauvage dont les médias avaient beaucoup parlé. Wall s'est donné pour tâche d'imaginer l'horreur de la guerre (il cite Goya comme source d'inspiration) telle que la décrivent la peinture historique du XIXᵉ siècle et d'autres formes d'histoire-spectacle qui virent le jour à la charnière du XVIIIᵉ et du XIXᵉ siècle – juste avant l'invention de l'appareil photographique –, par exemple les tableaux vivants, les figures de cire, ou encore les dioramas et les panoramas grâce auxquels le passé, notamment le passé immédiat, prenait une singulière et troublante apparence de réalité.

Si les personnages de l'œuvre visionnaire de Wall sont « réalistes », l'image elle-même ne l'est bien sûr pas. D'ordinaire, les soldats morts ne parlent pas. Ici, ils le font.

Treize soldats russes vêtus de leur épais uniforme d'hiver et chaussés de bottes montantes sont dispersés dans un cratère défoncé, inondé de sang, que bordent des cailloux et tout le fatras de la guerre : étuis de cartouches, débris de tôle, botte contenant encore les restes d'une jambe... La scène pourrait être une version revue de la toute fin du film d'Abel Gance, *J'accuse*, où l'on voit les soldats morts pendant la Première Guerre mondiale se lever de leurs tombes, mais ces conscrits massacrés parce que l'Union Soviétique a tardivement nourri le rêve dément d'une guerre coloniale n'ont jamais été enterrés. Quelques-uns portent encore leur casque. La tête d'un soldat agenouillé, lancé dans une conversation animée, est toute rouge de matière cérébrale écumante. L'atmosphère est chaude, conviviale, fraternelle. Plusieurs soldats sont affalés sur un coude ou

bien assis et bavardent, laissant voir leur crâne
défoncé et leurs mains déchiquetées. Un homme se
penche sur un autre, qui gît allongé comme s'il
dormait, l'encourageant peut-être à s'asseoir. Trois
autres hommes chahutent : l'un, dont l'abdomen est
fendu par une profonde blessure, est assis à califour-
chon sur un autre, couché à plat ventre, tandis
qu'un troisième, à genoux, agite malicieusement un
morceau de chair sous les yeux rieurs de l'homme
allongé. Un soldat casqué, sans jambes, tourne la
tête vers l'un de ses camarades éloignés, affichant un
sourire plein de vivacité. Plus bas, deux autres soldats pour qui la résurrection ne semble pas pro-
chaine gisent sur le dos, leurs têtes ensanglantées
renversées le long de la pente rocheuse.

Engloutis que nous sommes par cette image si
accusatrice, nous en viendrions presque à imaginer
que les soldats vont se tourner vers nous et nous parler. Mais non, personne ne dirige son regard en
dehors de l'image. Il n'y a aucune menace de protestation. Les soldats ne vont pas hurler à nos oreilles
qu'il faut mettre un terme à cette abomination
qu'est la guerre. Ils n'ont pas ressuscité pour venir,
tout chancelants, dénoncer les faiseurs de guerre qui
les ont envoyés tuer et se faire tuer. Et ce n'est pas
comme des êtres susceptibles d'en terrifier d'autres
qu'ils sont représentés : assis parmi eux, en effet
(dans le coin gauche), figure un pilleur afghan vêtu
de blanc, tout entier absorbé par l'exploration d'une
gibecière, auquel personne ne prête attention ; l'on
distingue aussi (en haut, à droite), à l'entrée du sen-
tier menant au cratère, deux autres Afghans, mili-

taires eux-mêmes sans doute, qui, à en juger par les kalachnikovs rassemblées à leurs pieds, ont déjà dépouillé les soldats défunts de leurs armes. Ces morts sont suprêmement indifférents aux vivants : à ceux qui leur ont pris leur vie, aux témoins – à nous-mêmes. Pourquoi chercheraient-ils notre regard ? Qu'auraient-ils à nous dire ? « Nous » – ce « nous » qui englobe quiconque n'a jamais vécu une telle expérience – ne comprenons pas. Nous ne saisissons pas la chose. Nous ne pouvons pas nous représenter ce que c'était. Nous ne pouvons imaginer à quel point la guerre est horrible, terrifiante – ni à quel point elle peut devenir normale. Nous ne pouvons ni comprendre, ni imaginer. C'est ce que chaque soldat, chaque journaliste, chaque travailleur humanitaire, chaque observateur indépendant ayant connu le feu de la guerre et eu la chance d'échapper à la mort qui frappait les autres, tout près, éprouve, obstinément. Et ils ont raison.

Remerciements

Une partie de la thèse exposée dans ce livre a fait l'objet, sous sa forme primitive, d'une conférence dans le cadre des Amnesty Lectures de l'université d'Oxford, en février 2001, suivie d'une publication dans la collection des Amnesty Lectures *Human Rights, Human Wrongs* (Oxford University Press, 2003) ; je remercie Nick Owen de New College de son invitation à prononcer cette conférence et de son hospitalité. Un fragment de l'exposé a servi de préface à *Don McCullin*, un recueil des photographies de McCullin publié en 2002 par Jonathan Cape. Je suis reconnaissante à Mark Holborn, responsable éditorial des ouvrages de photographies publiés par Cape à Londres, de ses encouragements ; à mon premier lecteur, Paolo Dilonardo, comme toujours ; à Robert Walsh, pour son discernement, une fois de plus ; et pour le leur, à Minda Rae Amiran, Peter Perrone, Benedict Yeoman et Oliver Schwaner-Albright.

J'ai été stimulée et émue par un article de Cornelia Brink, « *Secular Icons : Looking at Photographs from Nazi Concentration Camps* », in *History & Memory* vol. 12, n° 1 (printemps-été 2000), et par l'excellent ouvrage de Barbie Zelizer, *Remembering to Forget : Holocaust Memory Through the Camera's Eye* (University of Chicago Press, 1998), dans lequel j'ai puisé la citation de Lippmann. Je dois l'information relative aux bombardements punitifs des villages irakiens par la RAF entre 1920 et 1924 à la précieuse analyse, parue dans *Aerospace Power Journal* (hiver 2000), de James S. Corum, professeur à la School of Advanced Air Power Studies de la base aérienne de Maxwell (Alabama). Les restrictions imposées aux reporters photographes pendant la guerre des Malouines et la guerre du Golfe sont décrites dans deux ouvrages importants : *Body Horror : Photojournalism, Catastrophe, and War*, de John Taylor (Manchester University Press, 1998) et *War and Photography*, de Caroline Brothers (Routledge, 1997). On trouvera, aux pages 178-184 du livre de Brothers, une synthèse des différents arguments à l'encontre de l'authenticité de la photographie de Capa. Pour une thèse opposée : l'article de Richard Whelan, « *Robert Capa's Falling Soldier* », paru dans *Aperture* n° 166 (printemps 2002), invoque un ensemble de circonstances moralement ambiguës sur le front, qui auraient amené Capa à photographier par inadvertance la mort d'un milicien républicain.

Pour l'information relative à Robert Fenton, je suis redevable à l'article de Natalie M. Houston, « *Reading the Victorian Souvenir : Sonnets and Photographs of the Crimean War* », in *The Yale Journal of Criticism* vol.14, n° 2 (automne 2001). Je tiens l'information selon laquelle il existerait deux versions de la photographie de Fenton *The Valley of the Shadow of Death* de Mark Haworth-Booth du Victoria and Albert Museum ; les deux images sont reproduites dans *The Ultimate Spectacle : A Visual History of the Crimean War*, d'Ulrich Keller (Routledge, 2001). La réaction suscitée en Grande-Bretagne par la photographie des soldats sans sépulture de la bataille de Spion Kop est décrite par Pat Hodgson, dans sa compilation intitulée *Early War Photographs* (New York Graphic Society, 1974). C'est à William Frassanito que l'on doit d'avoir établi, dans *Gettysburg : A Journey in Time*

(Scribner's, 1975), qu'Alexander Gardner avait très certainement déplacé, pour les besoins de la photographie, le corps d'un soldat confédéré. La citation de Gustave Moynier provient du livre de David Rieff, *A Bed for the Night : Humanitarianism in Crisis* (Simon & Schuster, 2002).

Je continue à beaucoup apprendre, après de nombreuses années, de mes conversations avec Ivan Nagel.

Cet ouvrage a été imprimé par la
SOCIÉTÉ NOUVELLE FIRMIN-DIDOT
Mesnil-sur-l'Estrée
pour le compte de Christian Bourgois Éditeur
en septembre 2003

Cet ouvrage a été composé par
Graphic Hainaut (Condé-sur-l'Escaut)

Imprimé en France
Dépôt légal : septembre 2003
N° d'édition : 1639 - N° d'impression : 64981